JN092452

人事労務担当者必携

新版 労働基準法実務問答 第4集

～賃金と割増賃金に関するQ＆A～

労働調査会出版局 編

序

賃金は、労働者にとって重要な生活の糧であり、最も大切な労働条件の一つといえます。このため、労働基準法では、第24条で賃金の支払い方法を規定し、賃金が労働者に確実に支払われることを期するとともに、第25条で労働者の突発的な出費に対する非常時払い制度、第26条で使用者の責に帰すべき事由による休業手当制度、第27条で賃金額が不安定な出来高払い制の労働者に対する保障給制度、第28条で最低賃金制度（最低賃金法）などを設け、労働者の生活保障を図っているところです。

このほか、第４条（男女同一賃金の原則）、第17条（前借金相殺の禁止）、第23条（金品の返還）、第37条（時間外、休日及び深夜の割増賃金）などの保護規定も多岐に亘っています。

本書は、新版「労働基準法実務問答」シリーズの第４集として、弊社発行の定期誌『労働基準広報』『先見労務管理』の労務相談室に企業の労務担当者などから寄せられた相談の中から、主に賃金に関する事例を中心に精選し、問答形式で法律上の規制から実務上の対応策までを分かりやすく解説したものです。

本書が関係各位に広く活用され、職場の労務管理実務に資することを願ってやみません。

令和３年11月

編者

新版 労働基準法実務問答 第4集

●目 次●

第1章 賃金

第２章　割増賃金

第1章

賃金

携帯電話の業務上使用に対し手当支払うが賃金なのか

Q1　外勤社員の携帯電話の通話料の支払いについてお伺いします。

現在は個人使用の携帯電話を業務に使用させ、業務上の通話料として一律2,500円を支払っているのですが、今後は携帯電話を会社が貸与することにし、基本料は会社が負担、通話料は一律2,500円を支給しようと考えております。このような通話料は賃金に該当するのでしょうか。なお、通話料については、就業規則に記載してあります。

A　実費弁償的なものでなく賃金に該当する

賃金について労働基準法第11条では、「賃金、給料、手当、賞与その他名称の如何を問わず、労働の対償として使用者が労働者に支払うすべてのもの」とその定義が定められています。

しかし、使用者から労働者への給付のすべてが賃金というわけではなく、同条でいう賃金に該当するか否かは、個別具体的に判断することになります。使用者から労働者への報酬で、賃金に該当しないものとしては①任意的・恩恵的な給付である、②福利厚生施設である、③企業設備の一環である、④実費弁償的なものである——などが考えられます。

では、以上の観点をもとに貴社の通話料が賃金に該当するか

携帯電話の使用に関し一律の手当額を支払う場合は
賃金に該当する

否かをみてみましょう。

まず、ご質問の通話料は就業規則に明記されており、使用者は業務で携帯電話を使用している者について、一律2,500円の支給義務を負うことになりますので、一般的には前記①の任意的・恩恵的な給付であるとはいえません。

つぎに、通話料が②の福利厚生的なものであるか、または④の実費弁償的なものに該当するのであれば、賃金には該当しません。しかし、本ケースの場合は、実際に携帯電話を使用しているか否かを問わず、手当の額が一律2,500円と定められていますので、②にも④にも該当しないことになります。

したがって、貴社の携帯電話に対する手当は賃金に該当するものと考えられます。

賃金項目、どこまで就業規則に記載するのか

Q2　当社は、現在就業規則の見直しを行っているのですが、労働条件の中でも最もウエイトが高いと思われる賃金については、その計算方法や昇給のシステムなどを改める予定です。

労働基準法では、賃金は絶対に就業規則に記載しなければならない項目だそうですが、就業規則にはどの程度まで記載すればよいのか教えてください。

A　決定、計算、支払いの方法など具体的に

労働基準法第89条は、「始業及び終業の時刻、休憩時間、休日、休暇並びに労働者を２組以上に分けて交替に就業させる場合においては就業時転換に関する事項」、「退職に関する事項」とともに、「賃金」についても絶対的必要記載事項として就業規則に必ず盛り込まなければならない、と規定しています。

すなわち、賃金の就業規則への記載事項については、同条第２号で「賃金（臨時の賃金等を除く。以下この号において同じ。）の決定、計算及び支払の方法、賃金の締切り及び支払の時期並びに昇給に関する事項」とされています。この場合の「賃金の決定、計算及び支払の方法」とは、具体的な賃金額そのものをいうのではなく、学歴や経験あるいは年齢など賃金決定の要素

となるものや、職務給、職能給などの賃金体系を指すものです。

もちろん、月給制、日給制、時間給制あるいは出来高払制などの賃金の支払い形態や、欠勤控除など具体的な計算方法も記載することになり、また、時間外や休日労働の割増賃金について特別の割増率を定めているときにはその割増率、賃金の端数処理を行っている場合にはその方法も記載することになります。さらに、「昇給に関する事項」とは、昇給の時期、率、昇給の条件などをいいます。

このほか、同条第３号の２により「退職手当の定めをする場合においては、適用される労働者の範囲、退職手当の決定、計算及び支払の方法並びに退職手当の支払の時期に関する事項」も定めなければなりません。

したがって、退職金の制度を有している場合は、勤続年数や退職事由などの退職金額の決定のための要素、計算方法のほか、一時金で支払うのか年金で支払うのかの支払方法の別などを具体的に記載しなければなりません。

特に、懲戒解雇の場合などのように、退職金について不支給事由または減額事由を設けるような場合は、「退職手当の決定及び計算の方法に関する事項に該当するので、就業規則に記載する必要があること」（昭63・１・１ 基発第１号、平11・３・31 基発第168号）との解釈例規が示されていますので、この旨も規定することになりますし、「支払の時期」も「退職日」であるとか「退職した翌月の○日」というように具体的に特定すべきです。

なお、「定めをする場合」とは、第３号の２以下の事項について明文の規定を設ける場合はもとより、不文の慣行あるいは内規として実施している場合を包含すると解されますので、このようなケースであっても就業規則に記載しなければなりません。

また、賞与や労働基準法第24条第２項に定める臨時の賃金（結婚祝金や弔慰金など）についても、支払う制度があれば、労働基準法第89条第４号により、支給条件、支給額の計算方法、支払期日等について記載することになります。

年休日の「所定労働時間労働した場合の通常の賃金」とはどんなものか

Q3　年次有給休暇について、おたずねいたします。労働基準法第39条第９項では、「使用者は、第１項から第３項までの規定による有給休暇の期間又は第４項の規定による有給休暇の時間については、就業規則その他これに準ずるもので定めるところにより、それぞれ、平均賃金若しくは所定労働時間労働した場合に支払われる通常の賃金又はこれらの額を基準として厚生労働省令で定めるところにより算定した額の賃金を支払わなければならない……」などと、有給休暇日の賃金の支払い方法を定めています。

ところで、ここでいう「通常の賃金」とは、どういう賃金を指しているのでしょうか。たとえば、ある人が毎日のように残業を行っているような場合、この人の年休日の賃金には残業分の賃金を含めた賃金を支払わなければならないのでしょうか。また、三交替勤務の場合に社員が三直（午後10時から午前８時勤務）に当たっている日に年休を行使した場合、通常の賃金として深夜割増手当も支払うべきでしょうか。

A　**臨時の賃金や所定外労働に対する賃金を除外した賃金**

労働基準法第39条第９項にいう「所定労働時間労働した場合に支払われる通常の賃金には、臨時に支払われた賃金、割増賃金の如く所定時間外の労働に対して支払われる賃金等は、算入されないものであること」（昭27・９・20　基発第675号、平22・５・18　基発0518第１号、平31・４・１　基発0401第43号）とされていますので、ご質問の場合は割増賃金を除外して計算して構いません。

同条同項の趣旨は、年休日の賃金についての計算事務手続きの簡素化を図るのが目的ですので、実務上は「日給者、月給者等につき、所定労働時間労働した場合に支払われる通常の賃金を支払う場合には、通常の出勤をしたものとして取扱えば足り、規則第25条に定める計算をその都度行う必要はないこと」（同上）とする解釈例規に従って処理されればよいでしょう。

ただ、「所定時間外の労働」とは、一般に時間外労働を指すわけですが、たとえば深夜労働が常態となっている夜警業務の場合などは、その深夜労働自体が通常の労働（所定労働）と解されますから、この夜警業務に就く人が年休を行使したような場合は、深夜割増賃金も当然含んだ賃金を支払わなければなりません。

週４日勤務のパートを解雇したいが予告手当の算定基礎となる平均賃金の額は

Q4 当社は、クリーニング業を営んでおり、各地にチェーン店を展開しています。このたび、あるチェーン店の店長から、週４日勤務のパートの出勤状態が著しく悪く、他の従業員への影響もあるので、この際、解雇したいと相談されました。解雇を行う場合には、１カ月前までにその旨を予告しなければならないことは承知しているのですが、たとえば、予告手当を支払って即日付けで解雇する場合には、１カ月における所定労働日数分の平均賃金を支払えばよいのでしょうか。

A **労働日数に関係なく平均賃金の30倍以上の額に**

ご指摘のとおり、労働者を解雇する場合には、使用者はその旨を30日前に予告するか、もしくは平均賃金の30日分以上の予告手当を支払うことが必要となります。この場合、予告期間については民法の一般原則によることとなり、解雇が予告された日は算入されず、予告の日と解雇の効力発生日との間に、中30日間の期間をおく必要があります。

すなわち、労働基準法第20条は、「使用者は、労働者を解雇しようとする場合においては、少なくとも30日前にその予告をしなければならない。30日前に予告をしない使用者は、30日分以上の平均賃金を支払わなければならない」と定めているからです。

前述しましたが、この場合の予告期間については、実際に労働者に予告をした日の翌日から数えて解雇日までの間に最低でも30日間あることが必要となります。

そして、使用者が解雇の予告を行わない場合には、平均賃金の30日分以上の予告手当を支払わなければなりません。

ご質問では、この予告手当の額について、契約が週４日勤務なので、予告手当も１カ月における所定労働日数分の平均賃金相当額となるのではないかと考えておられるようですが、それは誤解です。

解雇の予告をしない使用者に対して、法が義務づけているのは、あくまで平均賃金の30日分以上の手当の支払いであって、解雇される労働者の契約上の所定労働日数分ではないことは法文上明らかです。

つまり、予告手当の額は、その労働者の所定労働日数にはいっさい関係なく、常に平均賃金の30日分以上の額とされるわけですから、仮に、週１日勤務の労働者であっても、予告手当の額は平均賃金の30日分以上ということになります。

年俸制の場合の平均賃金の算定方法はどうなる

Q5 当社では、このほどやむを得ず、一部の部署を休業させることになりました。労働者に対しては、当然、労働基準法に基づいて休業手当を支給する予定ですが、この中に年俸制を適用されている者がおります。この者の平均賃金の算定方法はどうすべきでしょうか。

A 年俸額の12分の１を１カ月分の賃金として計算

労働基準法第26条は、「使用者の責に帰すべき事由による休業の場合においては、使用者は、休業期間中当該労働者に、その平均賃金の100分の60以上の手当を支払わなければならない」と定めています。したがって、年俸制の適用対象となっている労働者についても、休業させれば平均賃金の60％以上の休業手当を支払わなければなりません。

平均賃金は、同法第12条で「これを算定すべき事由の発生した日以前３箇月間にその労働者に対し支払われた賃金の総額を、その期間の総日数で除した金額をいう」と定められています。この場合、賃金の総額には「臨時に支払われた賃金及び３箇月を超える期間ごとに支払われる賃金並びに通貨以外のもので支払われた賃金で一定の範囲に属しないものは算入しない」とされています（同条第４項）。

年俸制というのは、年間の賃金をあらかじめ定めて、毎月の賃金についてはその12分の１を支払うものや、年俸額を定めて、各月には16分の１ずつ支払い、賞与の時期に16分の２を支払うというようなケースもみられます。この場合、問題となるのが後者の場合で、賞与の時期に支払われる16分の２の部分が、たとえ「賞与」という名称が使われているとしても、あらかじめ支給額が確定しているものであれば、臨時に支払われる賃金や３カ月を超える期間ごとに支払われる賃金には該当しないので、平均賃金の算定基礎には算入しなければならないという問題が生じます。

この場合の平均賃金の算定について、行政解釈（平12・３・８ 基収第78号）では「予め年俸額が確定している年俸制における平均賃金の算定については……賞与部分を含めた年俸額の12分の１を１カ月の賃金として平均賃金を算定するものであると解する」と示しています。

したがって、賞与部分が確定されて含まれている年俸制の場合は、その額の12分の１を月給額として算定した平均賃金を用いることになります。

歩合給と最低賃金額の比較どうする

Q6 当社は、従業員50人ほどの運送会社です。

宅配担当者は、配達の個数に応じた歩合給と基本給、それと家族手当に無事故手当という賃金体系になっており、月給で支給します。このうち、基本給については出勤日数に対し１日いくらという形で支給し、歩合給は毎日の配達個数に応じて計算されます。無事故手当は、名称のとおり無事故の月に一定額を支給し、家族手当も扶養家族数に応じた一定額を月額で支給します。

このような賃金体系の場合、日によっては歩合給が低くなりますが、その日の賃金が最低賃金額を下回った場合は法違反とされるのでしょうか。あるいは、月当たりの合計額で上回っていればよいのでしょうか。

A　１時間当たりの金額に換算して比較

最低賃金法第４条第１項は、「使用者は最低賃金の適用を受ける労働者に対し、その最低賃金額以上の賃金を支払わなければならない」と規定しています。また、仮に最低賃金額より低い賃金を労使合意のうえで定めたとしても、それは法律上無効とされ、効力としては最低賃金額と同じ定めをしたものとみなされます（同２項）。

ただし、最低賃金の対象となる賃金には、同法施行規則などにより、

① 臨時に支払われる賃金（結婚手当など）

② １カ月を超える期間ごとに支払われる賃金（賞与など）

③ 所定労働時間を超える時間の労働に対して支払われる賃金（時間外割増賃金など）

④ 所定労働日以外の労働に対して支払われる賃金（休日割増賃金など）

⑤ 午後10時から午前５時までの間の労働に対して支払われる賃金のうち、通常の労働時間の賃金の計算額を超える部分（深夜割増賃金など）

⑥ 精皆勤手当、通勤手当、家族手当

などの賃金は算入しないこととされています。

これらの除外賃金は、制限的に列挙されているものと解されていますから、これらの賃金に該当しない賃金はすべて算入して計算する必要があります。

ところで、ご質問のように日給（基本給）、月給（無事故手当）及び歩合給から構成されている賃金と最低賃金額（時間額）を比較する場合には、時間当たりの金額を求めて比較することとなります。

時間当たりの金額の求め方については、同法施行規則第２条で種類ごとに詳細な規定が置かれています。ご質問に関係のあるものについて、以下みてみましょう。

まず、日給につきましては、その金額を１日の所定労働時間

数（たとえば、平日の所定労働時間は８時間であっても、土曜日については３時間と定められている場合などのように、日によって所定労働時間数が異なる場合には、１週間における１日平均所定労働時間数。以下、同じ）で除した金額です。

ここでいう「所定労働時間」とは、その事業場で定められた労働時間ですから、１日の労働時間（拘束時間から休憩時間を除いた実労働時間）が就業規則で7.5時間とされている場合は、この7.5時間が所定労働時間となります（昭22・12・15 基発第501号）。

また、タクシーやトラック運転者などにみられるいわゆる手待時間は労働時間とされます（昭33・10・11 基収第6286号）ので、所定労働時間として算入しなければなりません。

つぎに、月給については、その金額を１カ月の所定労働時間数（月によって所定労働時間数が異なる場合には、１年間における１カ月平均所定労働時間数）で除した金額です。

歩合給については、賃金算定期間（賃金締切日がある場合には、賃金締切期間によることとなっていて、ご質問では賃金締切日に触れていませんが、もし毎日締め切っている場合には算定期間は１日となり、１カ月ごとに締め切っている場合には１カ月となります）において、その支給条件によって計算された賃金の総額を当該賃金算定期間（賃金締切日がある場合には賃金締切期間）における総労働時間数で除した金額です。ここでいう「総労働時間数」とは、時間外または休日労働時間数も含んだすべての労働時間をいいます。

ご質問のケースのように、労働者の受ける賃金が２種類以上からなる場合には、各種類ごとの方法によって算定した金額の合計額を求めることになります。

つまり、こうして得たそれぞれの時間数がつぎの算式をクリアーしていれば、法違反とはならないことになります。

$$\frac{\text{基本給（日給）}}{\text{１日の所定労働時間数}}+\frac{\text{無事故手当（月給）}}{\text{１カ月の所定労働時間数}}+\frac{\text{歩合給}}{\text{賃金算定期間における総労働時間数}}\geqq\text{最低賃金額（時間額）}$$

新型コロナの対策で入社式を5月に延期
賃金の支払いは

Q7　当社では、新卒採用社員については、例年４月１日に入社式を行い、５月のゴールデンウイーク明けまでは、新卒団体研修期間として初歩的な業務やビジネスマナーの研修を行っています。その後、各部署に配属となります。

ところが、今回の新型コロナウイルスの影響により、今年の４月１日付けの採用予定者については、自宅待機させるか、入社日自体を延期したいと考えています。具体的には、団体研修を行わず、５月のゴールデンウイーク明けに入社式を行い、その後、各部署でのOJTを行うことを検討しています。

その場合、賃金の支払いはどうしたらよいでしょうか。

〔神奈川・Ｊ社〕

A　**会社判断なら休業手当の支払いが必要**

〔弁護士・平井彩（石嵜・山中総合法律事務所）〕

会社の自主的な判断で、新卒団体研修を実施せず、自宅待機とする場合には、休業手当の支払いが必要になると考えられます。また、入社日自体を延期する場合には、新卒採用者に丁寧に説明をして、同意を得る必要があります。

同意を得る場合は、新入社員にとっては不利益な変更。丁寧に説明を行い、真意に基づく同意を取得する必要がある

1　新型コロナウイルスに関連して休業させた場合の休業手当の要否

新型コロナウイルスの感染拡大及びその防止に向けた緊急事態宣言を含む対応は、事業活動及びその労働関係へも大きな影響を及ぼしており、イベント等中止に伴う業務消滅による休業、従業員（または家族）に発熱等の症状がみられた場合等の対応、休校による預け先困難による欠勤対応、時差出勤やテレワークの導入など、日々刻々と変わる状況に企業も経営状況や資金繰りに不安を感じつつ、対応に追われているのが実情かと思います。

厚生労働省が公表している新型コロナウイルスに関するＱ＆Ａ（以下「Ｑ＆Ａ」）では、新型コロナウイルスに関連して労働者を休業させる場合の留意点につき、「新型コロナウイルスに関連して労働者を休業させる場合、欠勤中の賃金の取り扱いについては、労使で十分に話し合っていただき、労使が協力して、労働者が安心して休暇を取得できる体制を整えていただくようお願いします。」「なお、賃金の支払いの必要性の有無などについては、個別事案ごとに諸事情を総合的に勘案するべきです」と明言を避け、労働基準法第26条が使用者の責に帰すべき事由による休業の場合に、使用者に、休業手当（平均賃金の100分の60以上）の支払いを義務付けていること、そして、不可抗力による休業の場合は、使用者の責に帰すべき事由に当たらず、使用者に休業手当の支払い義務はないとの一般論を述べるにとどまっています。

なお、ここでいう「不可抗力」とは、①その原因が事業の外部より発生した事故であること、②事業主が通常の経営者として最大の注意を尽くしてもなお避けることのできない事故であることの２つの要件を満たすものでなければならないと解されています。

そして、Ｑ＆Ａでは、具体例として、自宅勤務などの方法により労働者を業務に従事させることが可能な場合において、これを十分検討するなど休業の回避について通常使用者として行うべき最善の努力を尽くしていないと認められた場合には、「使用者の責に帰すべき事由による休業」に該当する場合があり、休業手当の支払いが必要となることがあるとしています。

2　新卒採用社員への自宅待機命令と入社式の延期と賃金支払い義務

ご質問のケースのように、新型コロナウイルス感染拡大防止のため４月からの採用予定者の集合研修ができないとして、自宅待機させる例があります。

この場合は、新型コロナウイルス感染症に起因するものではありますが、会社の自主的な判断ということですので、経営上の障害による休業であり、休業手当の支払いが必要であると考えます。

この場合、新型コロナウイルス感染症の影響を受け、事業活動の縮小を余儀なくされたとして、新卒採用社員であっても、雇用調整助成金を受給できる可能性があります。この雇用調整助成金は、新型コロナウイルス感染症による影響が広範囲にわたり、長期化することが懸念されているため、支給要件を緩和する特例措置が設けられていました。

このように、新卒採用社員を自宅待機させた場合、会社の自主的な判断による自宅待機であれば、原則として休業手当の支払いが必要となります。

なお、政府より出された緊急事態宣言を受け、休業実施を要請された対象業種に該当する企業において、新卒採用社員を自宅待機させる場合には、自宅待機は都道府県知事からの要請ないし指示に基づく措置であり、①事業の外部より発生した事態であることから、在宅でｅラーニング等での研修が可能であるかを検討し、不可能であれば、②事業主が通常の経営者としての最大の注意を尽くしてもなお避けることのできない事態に該当し、休業手当の支払いは不要であると考えます。

また、自宅待機ではなく、入社日自体を変更する場合には、一旦合意した入社日を変更することになりますので、新入社員から同意を得る必要があります。入社日の延期は新入社員にとっては不利益な変更ですので、丁寧に説明を行い、真意に基づく同意を取得する必要があるでしょう。

（※）本原稿執筆時点での状況での記載内容であり、今後状況によって変更する可能性がありますので、最新の情報を確認するようにしてください。

賃金支給日が休日の場合は後日にできるか

Q8　賃金の支払日に関しておたずねします。当社の賃金支払日は毎月25日となっています。これまでは、25日が休日の場合は24日に支払っていましたが、この４月から週休２日制としたため前日にも払えないケースが多くなっています。この場合、26日に支払うようにしたいのですが、こうした方法は法的に問題はないのでしょうか。

A　労働条件の不利益変更になるので原則合意が必要

賃金は労働者の生活を保障するものであり、労働基準法第24条では、賃金の支払い方法について、使用者に対し、５つの原則を定めて義務づけています。

その５つとは、①通貨払い、②直接払い、③全額払い、④毎月払い、⑤一定期日払い、であり賃金支払いの５原則といわれています。これは、労働の対価が完全かつ確実に労働者本人の手に渡るよう定められたものです。

ご質問のケースでは、前記の⑤一定期日払いの原則に抵触するのではないかと考えているようです。そこで一定期日払いについてご説明します。

一定期日払いの原則とは、期日が特定されるとともに、その期日が周期的に到来するものでなければなりせん。たとえば、「毎月15日に支払う」というようにしなければなりません。その際、必ずしも、月の「15日」あるいは「10日及び20日」などと暦日を指定する必要はなく、「月の末日に支払う」とすることも差し支えありません。

しかし、「毎月15日から20日までの間」などのように日が特定しない場合や、「毎月第４土曜日」のように月７日の範囲で変動するような期日の定めをすることは、一定期日とは考えられませんから、許されません。

このことから、ご質問のケースをみてみますと、毎月25日に支払うとなっており、問題はないようです。

ところで、おたずねは支払日が休日の場合に、以前は前日（24日）に支払っていたものを、今後は後日（26、27日）に支払うように変更しても法的に問題はないかというものです。

就業規則においては、おそらく賃金の支払いに関する事項において「支払日が休日の場合は前日に支払う」というような定めがあるものと思われますが、本来の支払日が会社の所定休日である以上、こうした支払い方法をとることは一定期日払いの原則に何ら抵触するものではありません。

そもそも、賃金の支払日は、同法第24条第２項の毎月払いの原則または労働協約に反しない限り、労働協約または就業規則によって自由に定め、または変更し得るものですから、使用者が事前に同法第90条の手続きに従って就業規則を変更する限り支払日が一部変更されても、同法第24条違反にならないこととなります。

ただし、これまで25日又は24日に支払われていた賃金が支払われず、後日に支払われることになれば労働条件の不利益変更の問題が出てきます。

ご承知のように労働契約法第９条は「使用者は、労働者と合意することなく、就業規則を変更することにより、労働者の不利益に労働契約の内容である労働条件を変更することはできない。」と定めています。

したがって、就業規則の変更に際しては事前に労働者の合意を取る必要があります。

行方不明の退職者の残余の賃金など家族に支払うことでよいか

Q9 当社の社員が行方不明となり、無断欠勤を続けています。就業規則では、10日以上無断欠勤を続けている者は退職として取扱う旨を定めています。

そのため、退職の手続を取りたいのですが、この者の残余の賃金、退職金（当社では、退職金規程に基づき、退職金の支給条件が明確化されています。）についてはどのように取り扱えばよいのでしょうか。その者には家族がいるので、家族に支払うことでよいのでしょうか。

〔大阪・T社〕

A 直接払いの原則があり労基法上は本人に支払う義務がある

〔弁護士・平田健二（安西法律事務所）〕

行方不明社員の残余の賃金及び退職金は労働基準法（以下「労基法」）第24条に基づき、労働者である当該社員に直接支払わなければなりません。

1　労基法上の賃金とは

(1)　賃金の定義・該当性判断

労基法第11条は、賃金の定義について、「賃金、給料、手当、賞与その他名称の如何を問わず、労働の対償として使用者が労働者に支払うすべてのもの」としています。

同条にいう「労働の対償」とは、労働の対価のことを指しますが、直接的に提供した労働時間や出来高に応じて支払われるもののみではなく、広く労働者の生活を維持していくために使用者がその雇用する従業員に支給するものであって、かつ、支給条件の明白なもの（労働者に法律上の請求権があるもの）も含むと考えられます。

⑵　賃金の支払に関する労基法上の原則

労基法第24条は、労働者の生活の糧である賃金が全額確実に労働者の手に渡ることを保障するために、賃金の支払について以下のとおりの原則を定めています。

①　通貨払の原則

賃金は、通貨で支払われなければなりません（労基法第24条第１項）。

なお、使用者は、労働者の同意を得た場合には、当該労働者が指定する銀行その他の金融機関に対する当該労働者の預金又は貯金への振込みによる支払方法によることができます（労基法施行規則第７条の２第１項第１号）。

②　直接払の原則

賃金は、直接労働者に支払わなければなりません（労基法第24条第１項）。

したがって、労働者の親権者や代理人への支払は、同原則の違反となります。他方、使者（本人により決定された意思を単に相手方に表示したり伝達する者）に対して賃金を支払うことは差し支えないとされています（昭和63年３月14日　基発150号）。

③　全額払の原則

賃金は、その全額を支払わなければなりません（労基法第24条第１項）。

④　毎月１回以上一定期日払の原則

賃金は、毎月１回以上、一定の期日を定めて支払わなければなりません。ただし、臨時に支払われる賃金、賞与その他これに準ずるものであって厚生労働省令で定める賃金はこの限りではありません（労基法第24条第２項）。

２　退職金は賃金に当たるか

退職金は、それを支給するか否か、いかなる基準で支給するかがもっぱら使用者の裁量に委ねられているときは、任意的恩恵的給付であって、「労働の対償」とはいえず、賃金ではありません。他方、その支給条件が、労働協約、就業規則又は労働契約等によりあらかじめ明確にされているものは、使用者に支払義務があり労働者に権利として保障されているものといえるため、「労働の対償」であり、労基法上の賃金に該当することになると考えられます（昭和22年９月13日 発基17号も参照）。

３　ご質問のケースについて

⑴　社員本人への支払いが必要

貴社の退職金は、退職金規程に基づき支給条件が明確化されているとのことです。上記のとおり、退職金は、その支給条件が、労働協約、就業規則又は労働契約等によりあらかじめ明確にされている場合は賃金に当たると考えられ、貴社の退職金は、賃金に当たるといえます。

そうしますと、行方不明となった社員の残余の賃金及び退職金は、いずれも労基法上の賃金に当たり、労基法第24条第１項に基づき、直接労働者たる本人に支払われなければならず、本人以外の家族に支払うことでは足りません（直接払の原則）。

家族が使者に当たる可能性もありますが、真実その者が使者であるかを会社が確認することは通常は困難であると考えられ、やはり原則どおり本人へ支払うことを考えるべきでしょう。

なお、現在多くの企業では、社員の給与等の支払について、本人名義の預金口座への振込みとしている（労基法施行規則第７条の２第１項第１号）と思われます。

ご質問のケースでも、行方不明となった社員名義の口座が振込先として指定されているのであれば、従前どおり当該口座に振り込むことで差し支えないでしょう。

⑵　振込みによる支払ができない場合

これに対し、給与が現金払いとなっている場合や、退職金について支給時点で口座を指定することになっていた場合は、どう扱えばよいのでしょうか。

労働契約に基づき、使用者は労働者に対して賃金債務を負うことになります。労基法第24条に基づく賃金の直接払が難しい状況が続くと、この労働契約上の賃金債務が当然に債務不履行となってしまうのか、私法上の問題が生じ得ます。

この点、賃金債務は取立債務、すなわち、債権者である労働者が、会社勤務地まで、賃金を取り立てに来た際に、会社は債務の履行として賃金を支払えばよい債務であると考えられています。

したがって、貴社が、行方不明の社員を捜して支払う必要があるわけではなく、給与や退職金に係る請求権が時効（賃金は５年間、ただし、当分の間は３年間、退職金は５年間（労働基準法第143条第３項））により消滅するまでの期間保管し、社員が取りに来れば支払える状態にしておけば足りるといえます。

また、債権者たる社員が賃金を受領できない場合に当たるとみて、供託することも考えられます（民法第494条）。これにより、会社は債務不履行の責任を免れることができ、社内管理の負担も省くことができます。

残業時間の端数、15分ごとの切り捨て可能か

Q10　時間外労働時間の端数の取り扱いについておたずねします。当社では、これまで各従業員の１カ月分の残業時間を合計して端数が出た場合、おおまかに区切って30分未満は切り捨て、30分以上１時間未満は30分として取り扱ってきました。

ところで、今般端数の区切り方がおおまかすぎるということで、15分刻みで切り捨てていくよう変更しましたところ「いくら細かく区切っても、現実に労働している部分なのだから、切り捨てるのはおかしいのではないか」と従業員に指摘されました。こういう方法も違法ではないということを以前聞いたのですが、問題があるのでしょうか。

A　**残業時間の切り捨ては賃金の全額払いに触れ違法**

結論から申し上げますと、貴社がこれまでとられてきたような30分未満をゼロに、30分以上一時間未満を30分にという計算方法を含め、これから行われようとしている15分刻みでの端数の切り捨て方法は、労働基準法第24条の賃金の全額払いの原則に抵触するといえるでしょう。

同条は、賃金の支払いについて①通貨で、②直接労働者に、③全額を、④毎月１回以上、⑤一定の期日を定めて支払わなけ

端数を常に切り捨てるのではなく、四捨五入の手法を用いると法違反とはならない

ればならない（一般に、これを「賃金支払いの５原則」と呼んでいます）と規定しています。これは、労働者の生活の糧である賃金が完全かつ確実に労働者本人の手に渡るように配慮されたためですが、ただしご質問のような端数が生じた場合の計算方法については、例外が設けられています。

たとえば、それは貴社のように常に端数を切り捨てるのではなく、逆に切り上げも行うという方法です。通達によれば、「その月の時間外労働時間数の端数」について、30分未満を切り捨て、30分以上を１時間に切り上げるとすれば、全額払いに抵触しないと示されています。このような方法は、切り捨てまたは切り上げることによって複雑な計算を容易にする事務簡便を目的とするものであれば、平均的にみた場合に、労働者にとって必ずしも賃金の取り扱い上、常に不利になるとは限りませんので、同法第24条違反としては取り扱わないとする（昭63・3・14 基発第150号）ものです。ですから、貴社の場合、細かく区切ったといってもすべて切り捨てるのではなく、切り上げも行い、平均的にみれば必ずしも賃金の減額にはならないという方法に改めるべきでしょう。

なお、ご質問では労働時間の端数計算にのみ触れていますが、賃金の端数の取り扱いについて、１カ月の賃金支払額に生じた1,000円未満の端数を翌月の賃金支払日に繰り越して支払うこと、または１カ月の賃金支払額に100円未満の端数が生じた場合に50円未満の端数は切り捨て、50円以上100円未満は100円に切り上げて支払うこと、１時間当たりの賃金額及び割増賃金額または１カ月の割増賃金の総額に円未満の端数が生じた場合に50銭未満の端数は切り捨て、50銭以上は１円に切り上げることは、同法第24条違反とは取り扱わないと示されています（同通達）。

一部の部品製造を個人に外注したい 支払額などに規制あるか

Q11 従業員25人ほどの電子部品製造業の当社では、昨年度末で３人が退職したため、受注量は変わらないのですが、人手不足でとても忙しくなってしまいました。そこで、一部の部品製造を個人に外注したいと検討しています。具体的には、５人ほどに依頼することを予定していて、そのうち２人は昨年度末で当社を退職した人です。いわゆる「内職」ということになりますが、部品１個につき○円（種類によって異なります）を支払うことを考えています。

ところが先日、依頼を打診した人から「法律で最低支払額などが規定されているのではないか」という問い合わせがありました。個人に外注した場合の支払額には規制があるのでしょうか。また、規制がある場合にそれを守らないと罰則などが科されるのでしょうか。なお、材料は当社が発送費を負担しますが、仕上がった部品の送料は製造した人が支払うことにしたいと考えています。〔大阪・Ｊ社〕

A 家内労働法に基づく最低工賃の規制がある

〔弁護士・小川和晃（レクスペラ法律事務所）〕

家内労働法上、厚生労働大臣又は都道府県労働局長は、家内労働者の労働条件の改善を図るために必要があると認めるときは、審議会の意見を聴いて、最低工賃を決定することができるとされています。最低工賃が決定された場合には、委託者は最低工賃額以上の工賃を支払わなければならず、仮に最低工賃額に満たない工賃額を取り決めたとしても、取り決めは無効となります。また、最低工賃額以上の工賃を支払わない委託者は罰金に処すことが定められています。

1　家内労働法の概要

メーカーや問屋などから部品や原材料の提供を受け、個人又は同居の家族と物品の製造加工を行う「家内労働」は、減少傾向にはあるものの、今もなお製造業を下支えする重要な役割を担っています。

このような家内労働者の労働条件の向上及び生活の安定を図ることを目的として、「家内労働法」が定められています。

例えば、家内労働法は、委託者に対して家内労働手帳の交付を義務づけ（第３条）、それにより家内労働者の労働条件の明確化が図られています。

また、工賃の支払について、原則として物品受領日から１カ月以内に支払うことが義務づけられています（第６条）。

その他、委託者は、機械器具や原材料等による危害が発生するのを防止するため、家内労働者の安全衛生に関する必要な措置を講じなければならないことが定められています（第17条）。

2　最低工賃の規制

更に、家内労働法は、家内労働者の労働条件の向上及び生活の安定のために、最低工賃について定めています。

具体的には、厚生労働大臣又は都道府県労働局長は、一定の地域内において一定の業務に従事する工賃の低廉な家事労働者の労働条件の改善を図るために必要があると認めるときは、審議会の意見を聴いた上、家内労働者と委託者に適用される最低工賃を決定することができるとされています（第８条。例えば、福島県の区域内では、電線の端末に取り付けられた端子をコネクターに差し込む「コネクター差し」の作業について、最低工賃が１端子当たり32銭と定められています）。

また、家内労働者又は委託者を代表する者は、厚生労働大臣又は都道府県労働局長に対して最低工賃の決定を申し出ることができるほか、現に適用されている最低工賃の改正や廃止の決定をするように申し出ることができるとされています（第11条）。

最低工賃が決定された場合、委託者は、最低工賃の適用を受ける家内労働者に対し、最低工賃額以上の工賃を支払わなければなりません（第14条）。また、仮に委託者が最低工賃額に満たない工賃を家内労働者と取り決めたとしても、その取決めは無効となります（第16条）。

なお、最低工賃の定めに違反した場合については、罰金の罰則が定められています（第34条。同条では罰金額が１万円以下とされていますが、罰則等臨時措置法第２条により２万円以下の罰金となります）。

３　貴社のご質問について

前記２のとおり、家内労働については、厚生労働大臣又は都道府県労働局長により最低工賃が決定されることがあります。

そして、最低工賃が決定された場合には、家内労働者に対して最低工賃額以上の工賃を支払わなければならず、違反した場合には罰金が科されます。

なお、平成31年３月７日時点では、繊維工業、衣服その他の繊維製品製造業、紙・紙加工品製造業、金属製品製造業、電気機械器具等製造業などの業種について、全国で98件の最低工賃が決定されています。

この点、平成31年３月７日時点において、貴社の所在地である大阪府では、男子既製洋服製造業に関する最低工賃が決定されているにとどまり、電子部品製造業に関する最低工賃は決定されていません。

しかし、前記２のとおり、厚生労働大臣又は都道府県労働局長が必要があると判断したときには最低工賃が決定されることがあります。

そして、家内労働者は、厚生労働大臣や都道府県労働局長に対して最低工賃の決定を申し出ることができるため、家内労働者の申出により最低工賃が決定されるに至ることもあり得ます。

したがって、現時点では最低工賃が決定されていないとしても、あまりに低廉な額の工賃を定めることは望ましくありません。

家内労働法上、最低工賃は、同一の地域内において同一又は類似の業務に従事する労働者に適用される最低賃金との均衡を考慮して決定するとされています（第13条）。

そこで、貴社においても、同一又は類似の業務に従事する労働者に適用される最低賃金との均衡を考慮したり、他の都道府県における最低工賃額を参考にしたりして、家内労働者の工賃を定めるのが望ましいと思われます。

最低賃金と比較する場合の賃金に通勤手当は含まれるのか

Q12

最低賃金についておたずねします。

当社は、食料品の販売を行っており、パートタイマーを数人雇用しています。

そのパートタイマーには、日給制を適用しておりますが、このほか、通勤手当として出勤した日に実費を支払っています。この場合、通勤手当も含めた額で最低賃金をみればよいのでしょうか。それとも、通勤手当を除いた額でみるのでしょうか。ご教示ください。

A　一般に通勤手当、精皆勤手当、家族手当は除外して比較

最低賃金とは、国が定めた賃金の最低額以上の賃金を、使用者が労働者に対し支払わなければならないというものです。

つまり、法定最低賃金額より低い額の賃金額で支払うことを労働者と合意のうえで定めたとしても、それは無効となります。

現在、一般に最低賃金といわれているものには、地域別最低賃金と特定（産業別）最低賃金の２つがあります。

地域別最低賃金とは、各都道府県ごとに定められているもので、産業や職業の別を問わず、当該都道府県内の事業場で働くすべての労働者及び労働者を１人でも使用する使用者に適用されます。

また、特定最低賃金は、関係労使が基幹的労働者を対象として、地域別最低賃金より金額水準の高い最低賃金を定めることが必要とされるものについて特定されており、令和３年３月31日現在、全国で227件の最低賃金が定められています。

最低賃金が適用されるのは、原則として、すべての労働者であり、雇用の形態などは関係ありません。したがって、パートタイマーとか、アルバイト、臨時社員であっても、最低賃金額以上の賃金を支払わなければなりません。

最低賃金の対象となる賃金については、原則として毎月支払われる基本的な賃金に限定されています。

具体的には、実際に支払われる賃金から以下のものを除いた賃金となります（最低賃金法第４条）。

① 臨時に支払われる賃金

② １カ月を超える期間ごとに支払われる賃金（賞与など）

③ 所定時間外労働、所定休日労働及び深夜業に対して支払われる賃金（割増賃金など）

④ 当該最低賃金において算入しないことが定められた賃金

なお、④については、それぞれの最低賃金の決め方によって算入しない賃金の範囲を決定されることとされていますが、現在の最低賃金では、①精皆勤手当、②通勤手当、③家族手当、の３つの手当について算入しないこととされています。

ご質問のパートタイマーは日給制で日給のほかに、通勤手当を実費で支給しているということです。

しかし、前述しましたように通勤手当は、実際に支払われる賃金から除外するとされていることから、貴社の場合、単純に日給額だけで最低賃金と比較することになります。

同法施行規則第２条では、賃金が時間以外などで定められている場合は、時間についての金額に換算して比較するとされています。

具体的には、第１項第１号で「日によつて定められた賃金については、その金額を１日の所定労働時間数（日によつて所定労働時間数が異なる場合には、１週間における１日平均所定労働時間数）で除した金額」で算定することと示されています。

非正規の待遇改善目的に正社員の手当を改定 手当廃止できるか

Q13 当社では、正社員には支給されているいくつかの手当が、契約社員、パートなどの非正規社員には支給されていません。同一労働同一賃金の観点から、望ましくないという話をきき、格差の是正を検討しています。

具体的には、正社員に支給されている家族手当（配偶者1万円、子ども1人につき7,000円）と住宅手当（賃料の30％）を廃止して、非正規と同じ手当のみを存続させる方針です。しかし、いきなり全廃するのも反発があると思うので、現在の手当額を1年で20％ずつ逓減させていくことを考えています。

こうした非正規の待遇とあわせるために正社員の手当を廃止する取扱いは、問題ないでしょうか。〔東京・G社〕

A 正社員の待遇引下げによる格差是正に合理性認められ難い

〔弁護士・小川和晃（レクスペラ法律事務所）〕

正社員にのみ支給されている手当の廃止は、労働条件の不利益変更に当たります。正社員と非正規社員の格差是正を図ることは正当な目的ではありますが、それは非正規社員の処遇を改善することによって実現すべきであり、正社員の待遇の引下げによって格差是正を実現することには合理性が認められ難いと言えます。

1　労働条件の不利益変更の禁止

労働契約法第９条本文は、「使用者は、労働者と合意することなく、就業規則を変更することにより、労働者の不利益に労働契約の内容である労働条件を変更することはできない。」と規定し、いわゆる不利益変更の禁止を定めています。

もっとも、「就業規則の変更が、労働者の受ける不利益の程度、労働条件の変更の必要性、変更後の就業規則の内容の相当性、則の変更に係る事情に照らして合理的なものであるときは、労働契約の内容である労働条件は、当該変更後の就業規則に定めるところによるものとする。」と定めており（同法第10条本文）、不利益変更が合理的なものであれば、変更後の労働条件が労働契約内容を規律するとされています。

2　格差是正目的の正社員の手当廃止の合理性

家族手当や住宅手当を廃止することは、正社員にとって賃金総額を減額させるものであり、不利益変更に当たります。

そして、賃金という労働者にとって重要な労働条件について不利益を及ぼす変更については、そのような不利益を労働者に法的に受忍させることを許容することができるだけの高度の必要性に基づいた合理的な内容でなければならないと解されています（第四銀行事件　最二小判　平９・２・28）。

特に、貴社の家族手当や住宅手当の廃止につきましては、労働者の家族構成や賃料の金額によっては１カ月当たり数万円もの賃金の減額を生じることになりますので、「労働者の受ける不利益の程度」は非常に大きいと言えるでしょう。

それでは、貴社の家族手当・住宅手当の廃止には、そのような大きな不利益を受忍させるだけの高度の必要性に基づく合理性が認められるでしょうか。

確かに、正社員と非正規社員の格差是正を図るという目的は、働き方改革によって、正社員と非正規社員の間の不合理な待遇差の解消が求められている情勢からしますと、正当な目的と言えます。

しかし、元々、正社員と非正規社員の間の待遇差の解消は、それによって「非正規社員の処遇改善」を図ることが目的とされています。

このような「非正規社員の処遇改善」という目的からすれば、正社員と非正規社員の格差是正は、正社員の待遇を引き下げることによって実現するのではなく、非正規社員の待遇を改善することによって実現されるべきであります。

したがって、貴社においても、正社員と非正規社員の格差是正を図るのであれば、正社員にのみ支給されている家族手当や住宅手当を廃止するのではなく、非正規社員に対しても家族手当や住宅手当を支給するなどの方法により格差是正を実現すべきと思われます。

そして、この点は、家族手当や住宅手当を即座に全面廃止するのではなく、1年で20%ずつ逓減させていくという経過措置を設けたとしても、同様と思われます。

経過措置を設けることは、「変更後の就業規則の内容の相当性」

を肯定する要素にはなりますが、月額数万円もの賃金の減額という大きな不利益を受忍させるだけの高度の必要性に基づいた合理性までは認められないと思われます。

3　手当の趣旨を考慮した格差の是正

働き方改革により正社員と非正規社員の不合理な待遇差の是正が求められていますが、職務内容等の相違に応じた合理的な待遇差まで否定されるわけではありません。

この点、家族手当や住宅手当は、労働者に対する福利厚生や生活保障の趣旨で支給されるものであり、労働者の生活に関する諸事情を考慮して待遇差を設けることも、不合理ではない場合があります。

判例においても、正社員には家族手当や住宅手当を支給するものの、嘱託社員には支給していない事案において、正社員には幅広い世代が存在するのに対し、嘱託社員は定年後に再雇用された者であること等を考慮して、労働契約法20条（当時）の不合理な相違とは言えないと判断したものがあります（長澤運輸事件 最二小判 平30・6・1）。

また、正社員には住宅手当を支給するが、契約社員には支給していない事案において、正社員には転居を伴う配転があり得るのに対し、契約社員は就業場所の変更が予定されていないことを考慮して、旧労働契約法20条が定める不合理な相違とは言えないと判断したものもあります（ハマキョウレックス事件 最二小判 平30・6・1）。

したがって、貴社においても、正社員と非正規社員の生活に関する事情によっては、家族手当や住宅手当に待遇差が存在しても不合理ではない可能性があります。

むしろ、例えば皆勤手当など、正社員と非正規社員に相違を設けることが不合理な手当について待遇差が存在する場合には、まずはそちらを是正すべきと思われます。

慶弔休暇は正社員のみ付与
日本版同一労働同一賃金の観点から
パートにも付与すべきか

Q14　当社のパートタイマーの１人が慶弔休暇を申請してきました。当社では、慶弔休暇は正社員のみの制度としており、これまでパートタイマーや非正規社員には認めてきませんでした。

同一労働同一賃金の観点から、正社員と同様に慶弔休暇を認めなければならないのでしょうか。〔神奈川・Ｋ社〕

A　**正社員と付与に差を設けることが許されるケースはあり得る**

〔弁護士・平田健二（安西法律事務所）〕

正社員とパート社員・有期契約社員との間で、賃金等の待遇について不合理な相違がある場合、その相違は無効とされます。慶弔休暇等の福利厚生について就業規則等で制度化されている場合、検討すべき「待遇」に含まれますが、例えば、正社員と比べて所定労働日数が少ない非正規社員について、付与日数に差を設けることが不合理とまではいえないといい得ます。

1　パート・有期雇用労働法の全面施行

⑴　日本版同一労働同一賃金

2021年４月１日より、中小企業にも現行の「短時間労働者及び有期雇用労働者の雇用管理の改善等に関する法律」（以下「パート・有期雇用労働法」といいます。）が施行されるに至り、現在は、会社の規模にかかわらず、パート・有期雇用労働法第８条の均衡待遇規制及び第９条の均等待遇規制が生じていますので、ご質問のような疑問はどの会社でも起こり得る状況にあります。

⑵　均衡・均等待遇の具体的定め

ア　均衡待遇

パート・有期雇用労働法第８条は、企業に対して、雇用している短時間・有期契約労働者の基本給、賞与その他の待遇のそれぞれについて、「通常の労働者」（いわゆる正社員、無期・フルタイム・直接雇用の労働者がこれに該当します。）の待遇と比較して、正社員の①職務の内容（業務の内容及び当該業務に伴う責任の程度）、②当該職務の内容及び配置の変更の範囲、③その他の事情のうち、当該待遇の性質及び当該待遇を行う目的に照らして適切と認められるものを考慮して、不合理と認められる相違を設けてはならない、としています。

イ　均等待遇

パート・有期雇用労働法第９条によれば、上記で述べた、①職務の内容が通常の労働者と同一のパート・有期労働者であり、②事業主との雇用関係が終了するまでの全期間において、その職務の内容及び配置が当該通常の労働者の職務の内容及び配置の変更の範囲と同一の範囲で変更されることが見込まれるものについては基本給、賞与その他の待遇のそれぞれについて「差別的取扱い」をすることが禁止されます。

2　ご質問のケースについて

(1)　福利厚生は検討すべき「待遇」か

パート・有期雇用労働法第８条及び第９条は、労働者の「待遇」について検討すべきとされています。ここでいう「待遇」は、「基本的に、全ての賃金…休暇、…等の全ての待遇が含まれる」とされ（短時間労働者及び有期雇用労働者の雇用管理の改善等に関する法律の施行について）［平31・１・30 基発0130第１号］(26頁)、主に労働契約上の労働条件一般を指すといえるところ、慶弔休暇等のいわゆる福利厚生も、就業規則等により社内で制度化されていれば、労働条件となり、「待遇」に該当すると考えます。

(2)　均衡待遇との関係について

検討に当たっては、同休暇を設けた趣旨・目的を確認する必要がありますが、ご質問では、明らかではありません。

そこで、仮に「正社員は平日フルタイム勤務が前提であり、冠婚葬祭等の事象が発生して会社を休まなければならない場合に、柔軟に勤務日を調整し休みを捻出することが困難なことが多いことから、固定的な勤務形態によって生じ得る不都合への緩和措置の趣旨で、慶弔時の休暇を与える。」との趣旨・目的であったとして考えてみます。

まず、当該趣旨・目的との関係では、職務の内容や配置の変更の範囲の違いが待遇差に直接影響しにくいと考えられます（前記①～②の要素)。一方、③その他の事情として、非正規社員は、週の所定労働日数が正社員より少ない契約であったり、シフト制で非正規社員の希望に応じて月ごとに勤務日の調整が可能であったりするといった事情が考えられます。

このような非正規社員であれば、固定的な勤務形態による不都合は一定程度回避可能であることから、慶弔休暇の日数に差を設けたとしても、慶弔休暇付与の趣旨・目的に照らして不合理ではないと考えることはできそうです。

では、さらに進んで、非正規社員に一切慶弔休暇を付与しない場合はどうでしょう。

この点、例えば忌引は、事前予測になじまず、シフト制等の調整ができたとしても、対応し難い状況が生じ得るところ、非正規社員にも、不都合への緩和という上記趣旨・目的が妥当する面があるとして、一切付与しないことは、上記慶弔休暇付与の趣旨・目的に照らして不合理であると判断されるリスクはあるように考えられます（なお、あくまで本稿で設定した趣旨・目的との関係での検討であり、慶弔休暇について非正規社員に付与しないことが一切認められないと断定するものではありません。）。

⑶　均等待遇との関係について

次に、貴社の非正規社員と正社員との間で①職務の内容、②職務の内容及び配置の変更の範囲が同一の場合は、当該正社員との差別的取扱いが禁じられ、慶弔休暇付与の有無にかかる相違は、差別的取扱いとして許されないと判断される可能性が高いといえるでしょう。

緊急事態宣言の後１日おきの在宅勤務を実施　通勤手当を減額したい

Q15　新型コロナウイルス感染症に関する緊急事態宣言が出されたので、当社でも４月13日から、社員を１班と２班にわけて、１日おきに出勤することにして、出勤しない日の所定労働日は、在宅勤務をすることにしました。

そこで、教えていただきたいのですが、４月分の交通費は、通勤定期代相当額を４月25日に支払っているのですが、在宅勤務日数分の４月分の交通費を減額することはできるのでしょうか。４月が無理な場合は、５月からでも減額できればと考えています。また、在宅勤務日については、所定労働時間勤務したものとみなして、時間外労働の申請は認めない予定なのですが、問題ないでしょうか。なお、急なこともあって、就業規則には、在宅勤務についての規定（交通費の減額やみなし労働など）は特に設けておりません。

〔東京・Ｙ社〕

A　**４月分の交通費の減額はできない**

〔弁護士・山口毅（石嵜・山中総合法律事務所）〕

４月分の交通費の減額はできません。５月分については労働条件の変更手続きが必要です。在宅勤務日に時間外労働の申請を認めないことは可能ですが、許可制が適切に運用され、業務量が過大でない場合などであることが必要です。

1　交通費について

⑴　交通費の算定方法

通勤交通費の定め方は、各会社によって異なります。ご質問には、具体的な通勤交通費の算定方法がありませんので、仮に、実費相当額の支払いではなく、1カ月分の通勤定期券代相当額と定めているとして、回答させていただきます。

⑵　賃金全額払いの原則

労働基準法第24条1項により、賃金は全額を支払わなければならないと定められています。そうすると、既に労働条件（就業規則等に定められていることが一般的です）に従い発生した通勤交通費について、減額するということはできないこととなります。

実質的にも、定期券の払い戻し条件は、使用している交通機関に確認して頂く必要がありますが、例えば、JR東日本では、緊急事態宣言が発出されたことに伴い、通勤定期券については、2020年4月8日以降当該定期券をご利用になっていない場合、特例により1カ月単位で計算した額を払い戻す旨を公表しており、ご質問では、1日おきに出勤されているとのことですので、定期券の払い戻しをすることができない状況です。

⑶　労働条件の変更

5月分の通勤交通費については、賃金が発生する前に、通勤交通費を出勤日数に応じた実費とする旨の労働条件変更をした場合は、出勤をしない日の通勤交通費を考慮しないで通勤交通費の支給をすることが可能となります。

労働条件の変更方法は、労働契約法第８条から第10条に則り、労働者と個別に合意を取得する方法、就業規則の変更をする方法のいずれかの方法により実施することになります。

２　労働時間みなし制度について

(1)　ご質問は、就業規則に事業場外労働みなしの定めがない状況で、在宅勤務日に事業場外みなし制度を適用されるということかと思います。

今まで、事業場外労働時間みなし制度が就業規則に定められていないということは、御社と御社の従業員の間における労働契約に、同制度の適用対象とするとの内容が含まれていないことになりますので、労働条件を変更する必要があります。

(2)　仮に、事業場外労働みなし制度の適用対象となることについて労働条件変更が有効になされたとしても、同制度は、事業場外で業務に従事した場合において、「労働時間を算定し難いとき」に該当した場合に限り、有効に適用されます。すなわち、御社の在宅勤務の実態が、「労働時間を算定し難いとき」に該当する必要があります。

テレワークにおいて「労働時間を算定し難いとき」に該当するかしないかに関し、厚生労働省は「テレワークの適切な導入及び実施のためのガイドライン」を公表しています。

同ガイドラインは、「テレワークにおいて、次の①、②をいずれも満たす場合には、制度を適用することができる。」として、「①情報通信機器が、使用者の指示により常時通信可能な状態におくこととされていないこと」「②随時使用者の具体的な指示に基づいて業務を行っていないこと」と示しています。したがって、実施の際は、これらの基準を満たす実態とすることが必要です。

(3)　ご質問は、所定労働時間勤務したものとみなして、時間外労働の申請は認めない予定とのことですが、事業場外労働みなし制が有効であるか無効であるかとは別に、在宅勤務において時間外労働について許可制とすること自体は問題ありません。

ただし、事業場外労働みなし制において所定労働時間みなしをする場合、在宅勤務中の業務量が所定労働時間内を超えて労働することが必要である場合は、「通常労働時間みなし」が適用され、所定労働時間を超えて労働したとみなされることに注意が必要です。

また、事業場外みなしが有効に適用されない場合、実労働時間に基づいた労働時間の取り扱いが必要となりますが、その際、許可制があるというだけでは、許可なくしてなされた労働が労基法上の労働時間として扱わないことが認められるわけではありません。黙示の時間外労働命令があると認められないように、①事前許可制の申請が形骸化していないこと、②明確に許可を得ていない労働を禁止していること、③所定労働時間を超える業務量がメールの時間帯、成果物から推測されるときは許可なくして労働をしていないか確認することが必要といえます。

在宅勤務手当として一定額を支払う場合
割増賃金の算定基礎は

Q16　当社はこれまで通勤手当を６カ月の通勤定期代相当額として、年に２回支払ってきました。ところが、新型コロナウイルス感染症の流行にともない、これまで臨時的に行ってきた在宅勤務を、一部の部署で常時実施することを検討しています。この場合、通勤手当を支払うのは合理的ではないという意見があり、在宅勤務手当として、一定額を支払うことを検討しています。

仮に一定額を支払う場合、割増賃金の算定基礎に算入しなければならないのでしょうか。また、従業員の賃金が下がるため、不利益変更に該当するのでしょうか。

〔東京・Ｆ社〕

A　**除外賃金に該当しないため**
算定基礎に算入しなければならない

〔弁護士・岡村光男（岡村法律事務所）〕

法定の除外賃金にあたらない限りは、すべて割増賃金の基礎となる賃金に算入しなければなりません。在宅勤務手当は法定の除外賃金にはあたらないため、算定基礎に算入する必要があります。在宅勤務の有無・日数に応じて通勤手当を控除または不支給とする内容に就業規則を変更する場合には、就業規則の不利益変更にあたりますが、合理性が認められる可能性が高いと考えられます。

1　割増賃金の計算方法

労働基準法では、時間外労働、休日労働、深夜労働について、一定の割増率以上の割増賃金を支払わなければならないこととされています（同法37条1項、4項）。この割増賃金は、「通常の労働時間又は労働日の賃金」に一定の割増率を乗じることによって算出します（同法37条1項）。

それでは、「通常の労働時間又は労働日の賃金」にはどのような賃金が含まれるのでしょうか。この点については、法令において、①家族手当、②通勤手当、③別居手当、④子女教育手当、⑤住宅手当、⑥臨時に支払われた賃金、⑦1カ月を超える期間ごとに支払われる賃金を除き、あらゆる賃金が含まれることとされています（労基法37条5項、同法施行規則21条）。上記①～⑦の除外賃金は、限定列挙であり、これらにあたらない限りは、すべて割増賃金の基礎となる賃金に算入しなければなりません（小里機材事件 最高裁昭和63年7月14日第一小法廷判決・労判523号6頁）。

2　法定の除外賃金

上記の除外賃金のうち、①家族手当、②通勤手当、③別居手当、④子女教育手当、⑤住宅手当については、労働の内容や量とは無関係な労働者の個人的事情により支払われるものであることから除外賃金とされています。通達では、これらの手当は、名称のいかんにかかわらず実質によって取り扱うこととされています（昭和22年9月13日発基17号）。すなわち、手当にこれらの名称がつけられていれば、必ず割増賃金の基礎となる賃金に算入しなくてもよいということになるわけではなく、実質的にみて、除外賃金としてふさわしい内容の手当であるか否かが問われることになります。換言すれば、仮に、手当にこれらの名称がつけられていなくても、これらの除外賃金と実質的に同様の内容であるならば、除外賃金として取り扱うことが可能です。

⑥臨時に支払われた賃金とは、臨時的、突発的事由に基づいて支払われたものや、支給条件はあらかじめ確定しているが支給事由の発生が不確定であり、かつ、非常に稀に発生するものをいいます（私傷病手当、加療見舞金、結婚手当等）。

⑦１カ月を超える期間ごとに支払われる賃金としては、賞与、１カ月を超える期間の出勤成績によって支給される精勤手当等があります。

3　ご質問の事例について

(1)　在宅勤務手当の取扱い

ご質問の事例では、在宅勤務者に対し、通勤手当に代えて在宅勤務手当を一定額支払うことを検討しているとのことです。上述のとおり、除外賃金は法令において上記①～⑦についてのみ限定列挙されているところ、「在宅勤務手当」は上記①～⑦のいずれにも該当しません。通勤手当に代えて支払うという事情を考慮したとしても、除外賃金とされている「通勤手当」は、あくまでも、労働者の通勤距離や通勤に要する実費等に応じて算定される手当であって、ご質問の事例で予定している「在宅勤務手当」はこれとはまったく異なる手当のため、実質的に「通勤手当」に該当すると考えることもできません。

したがって、本件の在宅勤務手当は除外賃金にはあたらないため、割増賃金の算定基礎に算入しなければなりません。

⑵　不利益変更

今後、在宅勤務者に対して通勤手当は支払わず、その代わりに在宅勤務手当を一定額支払うこととし、これによって結果的に賃金額が下がるという場合、労働条件の不利益変更に該当するでしょうか。

仮に、就業規則上、在宅勤務の有無・日数にかかわらず通勤手当が支給される規定になっていたところを、在宅勤務の有無・日数に応じて控除または不支給とする内容に変更するということであれば、就業規則の不利益変更にあたります。

就業規則を不利益に変更するには、原則として、労働者との合意が必要であり、労働者との合意なしに就業規則を不利益に変更することはできません。もっとも、①労働者に周知すること、②就業規則の変更が合理的なものであること、という２つの要件を満たした場合には、労働者との合意がなかったとしても、不利益に変更した就業規則が有効になるとされています（労働契約法９条、10条）。

本件について検討すると、通勤手当はあくまで労働者の通勤のための費用の援助であること、在宅勤務によって通勤しない場合にまで通勤手当を支払う必要性はないことなどに照らし、一般的に、上記の変更は合理的なものであると判断される可能性が高いと考えられますので、このように変更することは可能であると思われます。

ただし、通勤定期券を購入している者にとっては、定期券の有効期間中にこのような制度変更が実施され、仮に受給済みの通勤手当の一部返還等が必要になったとすると、不相当な不利益を被る可能性があります。定期券購入者については施行時期をずらすなどして、不利益が生じないように工夫する必要があるでしょう。

生理休暇取得で精皆勤手当カットできるか

Q17 生理休暇について、つぎのような取り扱いは法的に問題となるかどうかについてご教示ください。

① 従来は生理休暇日数に制限がなかったが、最近乱用が目立つため日数を３日間に限定する。

② 生理休暇を取得したことを理由に、精皆勤手当（最高月額8,000円）をカットする。

③ 年次有給休暇の出勤率算定の際に、生理休暇取得日を欠勤日として扱う。

A 違法とされる可能性あり、避けたほうが賢明

生理休暇については、労働基準法第68条で「使用者は、生理日の就業が著しく困難な女性が休暇を請求したときは、その者を生理日に就業させてはならない」と規定しています。

さて、ご質問の順にお答えしていきますと、①については法第68条に違反する場合が出てくるおそれがあります。つまり、同条が「(生理) 休暇を請求したときは、その者を就業させてはならない」としているのは、もとより生理日の長短や就労の難易は各人によって異なるものであって、女性労働者すべてに妥当する客観的な一般基準など定めようがないからです。したがって、通達が示すように「就業規則その他によりその（生理

休暇）日数を限定することは許されない」（昭23・5・5 基発第682号、昭63・3・14 基発第150号、婦発第47号）ということになります。

生理休暇中の賃金は有給でも無給でも構いませんので、①の場合、有給の生理休暇日数を制限するのであれば、ほかに無給の生理休暇が取得できる限り、問題はありません。

つぎに②についてですが、生理休暇取得を理由に精皆勤手当をカットするなど不利益な取り扱いをすることは、直ちに労働基準法違反とはならなくても現実に生理休暇取得の抑制につながることは明らかですので、「法の趣旨に照らし好ましくない」（昭49・4・1 婦収第125号、昭63・3・14 基発第150号、婦発第47号）とされています。

これに関する裁判例をみてみますと、精皆勤手当支給に際して生理休暇を欠勤扱いにしたことが争われたエヌ・ビー・シー工業事件（昭60・7・16 最三小判）では、「生理休暇は雇用契約における当事者双方の責に帰すべからざる労働不能の一事例といえる。したがって、労働契約、労働協約あるいは就業規則に別段の定めがない限り、生理休暇取得者は、当然に精皆勤手当請求権を取得するいわれはない。すると右の如き格別のとり決めをしていない本件にあっては生理休暇取得日数を精皆勤手当の支給に際し、出勤日数に算入することを請求することは、できない」と判示し、生理休暇取得を理由に精皆勤手当をカットしても違法ではないとしています。

しかし、一方では「労基法第67（現68）条が、請求のある場合に女子の生理日における就労を禁止していることは、女子労働者が生理日に休暇を取る権利を法律上認めたものというべきであるから、右生理休暇に関する権利行使をしたことを理由に、賃金引下げその他において不利益な取扱いをすることは許されない」とした日本シェーリング事件（平元・12・14 最一小判）がありますし、また、タケダシステム事件では、就業規則の一方的な不利益変更は許されないとの考え方に立って、「長期的に実質賃金の低下を生ずる」（昭58・11・25 最二小判）として、生理休暇手当の減額はできないとしたものもあります。

このように、裁判例では判断が分かれていていずれが妥当か断定することはできませんが、法の趣旨を考えれば、精皆勤手当のカットは避けたほうが賢明でしょう。

③の年次有給休暇の発生要件とされる出勤率の算定については、欠勤扱いも違法とはなりません（昭23・7・31 基収第2675号、平22・5・18 基発0518第1号）が、この場合も算定すべき分母となる総労働日から除外するのが望ましいのはいうまでもありません。

清算期間3カ月のフレックス制導入
精皆勤手当の廃止可能か

Q 18　当社では、無遅刻・無欠勤で皆勤手当（月額5000円）、遅刻早退が3回以内・無欠勤で精勤手当（月額3000円）を支給する精皆勤手当を支給しています。

ところが、来年度から一部の部門に清算期間を3カ月とするフレックスタイム制（コアタイムなし）を導入することになり、この精皆勤手当を廃止することを検討しています。なぜなら、フレックス制では、遅刻や早退などは起こり得ないと考えられ、また、1カ月の所定労働時間に達しなかった場合でも、無欠勤なら精皆勤手当を支給するのはスジが違うのではと思われるからです。

このような場合も労働条件の不利益変更とみなされて、精皆勤手当を廃止することはできないのでしょうか。

〔埼玉・K社〕

A　**不利益変更に該当するため
廃止の必要性について検討を**

〔弁護士・山口毅（石嵜・山中総合法律事務所）〕

労働条件の不利益変更に該当します。精皆勤手当を廃止する必要性について、支給要件の変更で対応しないのか、廃止することにより人件費を削減するのか、他の人件費に配分するのかなど検討をすることが必要です。

1　労働条件の変更方法について

労働契約法８条は、労働者と使用者との合意により労働条件を変更することができると定めています。

労働条件は、変更前の労働条件から①労働者の利益に変更する場合（例：休職制度の創設）、②労働者の不利益に変更する場合（例：手当の廃止）、③労働者の利益・不利益どちらともいえない場合があります。

このうち、労働条件を労働者の不利益に変更する場合、原則として、労働者と合意することなく就業規則を変更することにより労働条件を変更することはできません（労契法９条）。

例外として、変更後の就業規則を労働者に周知し、かつ、就業規則の変更が合理的なものであるときは、労働条件が変更後の就業規則の内容になります（ただし、労使で就業規則の変更では変更することができない労働条件として合意していた部分は、就業規則の最低基準効（労契法12条）を除いて、変更されません）（労契法10条）。

なお、労働協約による場合は説明を省略します。

2　「労働者の不利益」の判断基準

労契法９条及び10条に該当する「労働者の不利益」において何が不利益にあたるかについて、裁判所は実質的不利益があるか、実質的不利益が明瞭に設定できない場合は新旧就業規則の外形的比較において不利益とみなしうる変更があればよいとする傾向があるとされています（荒木尚志・菅野和夫・山川隆一

著「詳説 労働契約法〔第2版〕」134頁)。

ご質問は、フレックスタイム制を導入するにあたり、精勤手当、皆勤手当を廃止するというものです。フレックスタイム制の導入は、労働者がその生活と仕事の都合との調和を図りながら効率的に働くことができる制度であり、今後の望ましい勤務形態の一つであるとの趣旨で創設されたものです(厚生労働省労働基準局編「平成22年版 労働基準法(上)」417頁)。それゆえ、フレックスタイム制の導入は労働者の不利益に該当しないと考えます。

それに伴い精勤手当、皆勤手当を廃止することは、同時に労働条件の変更をするとしても、労働時間と賃金とは異なる労働条件なので、不利益に該当するかについて、別途、検討されることになります。

そうすると、精勤手当、皆勤手当が存在しているという労働条件から、それが存在しないという労働条件に変更することは、賃金が減額となるので実質的に労働者にとって不利益であるといえます。

したがって、前記②として、労働条件の変更は原則として労働者との合意による方法により、例外として労働条件の変更が合理的なものである場合には労働者との合意がなくても就業規則の変更により、行うことになります。

3 不利益に変更する合意の取得方法

退職金制度を不利益に変更する合意の有効性について判断した山梨県民信用組合事件は、就業規則に定められた賃金や退職金に関する労働条件の変更に対する労働者の同意の有無について、当該変更により労働者にもたらされる不利益の内容及び程度、労働者により当該行為がされるに至った経緯及びその態様、当該行為に先立つ労働者への情報提供又は説明の内容等に照らして、当該行為が労働者の自由な意思に基づいてされたものと認めるに足りる合理的な理由が客観的に存在するかを判断するとしました（最判平成28年２月19日民集70-2-123）。

したがって、単に精勤手当、皆勤手当を廃止するとの説明だけではなく、フレックスタイム制導入により支給要件の一部である遅刻・早退という事態が起こらなくなること、無欠勤であっても一箇月の所定労働時間に達しない者に精勤手当、皆勤手当を支給することは、同手当を支給する趣旨にそぐなわないことなどを丁寧に説明した上で、同意を取得することが重要となります。

４　就業規則を変更して不利益に変更することができるか

労契法10条は、合理的な変更について、労働者の受ける不利益の程度、労働条件の変更の必要性、変更後の就業規則の内容の相当性、労働組合等との交渉の状況、その他の事情に照らして判断されます。裁判所では、重要な労働条件（賃金も含まれます）の不利益変更は、変更に高度な必要性が求められています（大曲市農協事件最判昭和63年２月16日民集42-2-16）。

ご質問の内容だけでは、上記判断要素に照らして十分な検討はできませんので、合理的な変更であるかについては判断できませんが、少なくとも次の点について検討が必要です。すなわち、廃止ではなく、精勤手当、皆勤手当の支給要件を変更する、すなわち、例えば、支給要件を無欠勤であること及び１カ月の所定労働時間に達したことに変更せず、廃止とした理由は何であるのかという点になります。関連して、精勤手当、皆勤手当の支払額に相当する人件費について、その廃止後の使途を別の人件費項目に配分するのかどうか、別の人件費項目に配分しない場合は人件費を削減する赤字等の経営上の必要性が存在するのかが議論となります。実務上は、合理的な変更の判断要素に「労働組合等との交渉の状況」も含まれていますので、労使で精勤手当、皆勤手当をどのように変更するのか、廃止して別の人件費に振り分けるのか、廃止して人件費を削減せざるを得ないかについて、検討をしていくことが妥当であると考えます。

雇止めを通知した後に無期転換の申込み 雇止めできないか

Q19 有期契約労働者の雇止めについてお聞きします。当社では、このほど、１年単位の有期契約を締結しているＡについて、勤務態度などに問題があることから、当社の契約更新基準に基づき、現在の有期契約期間満了時での雇止めを通知しました。ところが、Ａが、有期契約での勤続が５年を超えていたため、雇止め通知後に無期転換の申込みをしてきました。このような場合、当社の契約更新基準に基づき、Ａを雇止めとすることは可能でしょうか。

〔大阪・Ｈ社〕

A **雇止めが認められず 無期労働契約が成立する場合がある**

〔弁護士・加島幸法（森田・山田法律事務所）〕

有期労働契約が更新されるものと期待することについて合理的な理由がある場合などには、契約更新しないことが、客観的に合理的な理由を欠き、社会通念上相当であると認められないときには、雇止めは認められず、無期の労働契約が成立することになります。

1　雇止めについて

一般に「雇止め」と表現される、有期契約労働者について契約期間満了日をもって契約を終了する行為は、法的には、次期以降の労働契約を締結・更新しない（契約の申込みないし承諾をしない）ことになります。すなわち、労働者との間で次期以降の労働契約を締結・更新しない（契約の申込みないし承諾をしない）ことである点で、使用者の積極的意思表示により、契約解消の法律効果を発生させる解雇・中途解約などの法律行為とは異なります。

雇止めの有効性に関し、労働契約法第19条は、①当該有期労働契約が過去に反復して更新されたことがあるものであって、その契約期間の満了時に当該有期労働契約を更新しないことにより当該有期労働契約を終了させることが、期間の定めのない労働契約を締結している労働者に解雇の意思表示をすることにより当該期間の定めのない労働契約を終了させることと社会通念上同視できると認められること（同条第１号）、②当該労働者において当該有期労働契約の契約期間の満了時に当該有期労働契約が更新されるものと期待することについて合理的な理由があるものであると認められること（同条第２号）のいずれかに該当するものの雇止めについて、客観的に合理的な理由を欠き、社会通念上相当であると認められないときは、雇止めが認められない（労働者からの労働契約の申込みを承諾したものとみなす）旨規定しています。

したがって、上記の労働契約法第19条第１号又は第２号のいずれかに該当する場合には、会社の契約更新基準に基づいて雇止めを行っていたとしても、契約更新しないことが客観的に合理的な理由を欠き、社会通念上相当であると認められないときは、雇止めが認められないことになります。

この点、ご相談の本件は、１年単位の有期契約が５年以上にわたって更新されている状況ですので、労働契約法第19条第２号に該当する可能性は十分にあると考えます。したがって、勤務態度などの問題が、契約更新しないことが客観的に合理的な理由を欠き、社会通念上相当であると認めらないと評価されるか否かが問題となります。

２　無期転換申込権行使との関係

労働契約法第18条第１項は、同一の使用者との間で締結された２以上の有期労働契約の契約期間を通算した期間が５年を超える有期契約労働者が、使用者に対し、現に締結している有期労働契約の契約期間が満了する日までの間に、無期労働契約の締結の申込みをしたときは、使用者が当該申込みを承諾したものとみなされ、現に締結している有期労働契約の契約期間が満了する日の翌日から労務が提供される無期労働契約が成立する旨規定しています。

したがって、有期契約労働者から、労働契約法第18条第１項に基づいて無期転換申込権行使がされた場合、現に締結している有期労働契約の契約期間が満了する日の翌日を始期とする始期付無期労働契約が成立する効果が生じます。もっとも、無期転換申込権行使による無期労働契約は、そもそもの契約更新がなされることが前提であるため、労働契約法第19条の雇止めの規制が適用されることになると考えます（荒木尚志、菅野和夫、山川隆一著「詳説 労働契約法〔第２版〕」176頁以下も同旨）。

また、労働契約法第18条第１項に基づいて無期転換申込権が行使されたことにより始期付無期労働契約が成立していることになりますので、契約更新しない場合には、雇止め通知とは別に、念のため、この始期付無期労働契約を解約する意思表示を行っておくことが適切だと考えます。

この点、この始期付無期労働契約の解約について、「労働契約法の施行について」（平成24年８月10日（平成27年３月18日最終改正）基発0810第２号）は、当該解約（解雇）に労働契約法第16条が適用される旨説明されていますが、実態としては、上記の労働契約法第19条が適用される場合と同様の判断がなされることになると考えます。

3　結論

以上のとおり、会社の契約更新基準に基づいて雇止めを行っていたとしても、契約更新しないことが客観的に合理的な理由を欠き、社会通念上相当であると認められないときは、雇止めが認められず、無期転換申込権行使により成立した無期労働契約が有効に成立することになると考えます。

1人で子育て中の従業員の手当等1.5倍に問題ないか

Q20 当社には、事情により1人で子育てをしている女性従業員が数人います。シングルマザーの従業員からは、残業もできないので、生活が苦しいとの話をよく聞きます。そこで、当社では、家族手当（扶養親族1人当たり8000円)、子の看護休暇（1年間10日)、育児休業（最長2年）の手当や休暇・休業について、1人で子育て中の従業員に対しては、各1.5倍することを検討しています。

均等法上の問題にならないように、1人で子育てする男性従業員（シングルファーザー）に対しても、同様の扱いにしたいと思いますが、こうした取扱いに問題ないでしょうか。他の従業員との間で揉め事にならないかと、少々心配しています。また、1人で子育てをしていることを確認するよい方法などがありましたら、教えてください。

〔神奈川・Y社〕

A 支給対象や支給金額は労使間で十分に協議し丁寧に説明を

〔弁護士・新弘江（光樹法律会計事務所)〕

従業員の納得を得られるよう、労使間の丁寧な話合いと合意、賃金原資総額の維持、経過措置、新制度の丁寧な説明が必要。確認は住民票や戸籍謄抄本提出を求めて確認します。

従業員の納得を得られるよう、労使間の丁寧な話合いと合意、賃金原資総額の維持、経過措置、新制度の丁寧な説明が必要

1　家族手当等の制度の見直しの背景

従来は、民間企業において配偶者がいる従業員に対して支給される手当のことを配偶者手当、家族手当、扶養手当等と呼んでいました。この意味における家族手当は、税制、社会保障制度と共に、女性パートタイム労働者の就業調整の要因となっており、女性が働きやすい中立的な制度等への見直しが必要であるといわれています（厚生労働省平成28年５月９日付基発0509第１号「配偶者手当の在り方の検討に関し考慮すべき事項」）。

(1)　この見直しの社会的背景としては、配偶者手当が普及・定着した昭和50年当時と比較し、従業員・家族構成が、以下のとおり大きく変化していることが挙げられています。①男性正規労働者の割合が昭和50年当時は64.2％に対し、平成22年には

42.3％となり、内既婚（死別・離別含む）の男性正規労働者は30.3％となっています。②共働き世帯が増加し、専業主婦世帯は687万世帯であるのに対し共働き世帯は1114万世帯となっています。

⑵　企業を取り巻く環境も、女性の就業率の増加、グローバル化による企業間競争の激化、少子高齢化、雇用・就労形態の多様化、労働力人口の減少・労働力確保の必要性の増加等により、大きく変化しています。

⑶　さらに税制改正による配偶者控除の見直し（所得税控除額38万円の対象となる配偶者の給与収入の上限を150万円に引き上げる）、社会保障制度における厚生年金保険・健康保険の適用拡大の制度が改正されました。

2　「配偶者手当」の見直しの留意点

前述した厚生労働省の資料によれば「配偶者手当」見直しの留意点としては、手当の種類や支給要件は就業規則で規定されていることが多いですが、支給要件の変更については、労使の合意により労働条件を変更することができ（労働契約法８条）、労使の合意なき労働条件の不利益変更は原則としてできません（同法９条）。ただし、変更後の就業規則を労働者に周知させ、かつ就業規則の変更が、①労働者の受ける不利益の程度、②労働条件の変更の必要性、③変更後の就業規則の内容の相当性、④労働組合等との交渉の状況、⑤その他就業規則の変更に係る事情に照らして合理的なものであるときは、労働条件は当該変更後の就業規則に定めるところによるとされています（同法10

条本文）。①から⑤の点は、労働契約法10条本文に基づく就業規則の変更に係る合理性についての重要な考慮要素となり、特に現在配偶者手当を受給している者に不利益となる変更の際には不利益変更の合理性の重要な考慮要素となる点注意が必要です。

3　本件について

⑴　以上を参考に本件の制度を検討します。

単身の男性及び女性の従業員に等しく家族手当を支給することは男女同一賃金（労基法４条）にも合致し、また看護休暇及び育児休業の付与も子の看護養育の目的で行われている限り育児休業法の目的にも合致します。なお、夫婦で育児を行う従業員との間に一律に1.5倍の差異を設けることが合理的かは、子どもの人数や支給年齢・障害を持つ家族の有無、当該従業員の地位、年収、資産、等から検討の余地があります。支給対象や支給金額は労使間で十分に協議を行い決定し、丁寧に説明すべきです。また制度改訂により不利益を受ける従業員がいる場合はその不利益が最小限となるよう必要な経過措置を設ける等が必要です。

⑵　本件の制度改訂は単身で子育てをする親が対象となるためどのようにそれを確認すべきか問題となります。この点は、市区町村の児童扶養手当の手続上必要な書類等の確認が参考となります。例えば、請求者と扶養家族の身分関係や続柄、年齢等の確認のためには戸籍謄抄本、同居の有無は住民票の写しの提出を求めることになります。身分関係の変動があったときはそ

の都度上記書類の提出を受けることで確認ができます。

非正規は海外勤務ないため住宅手当なし 海外勤務ない正社員いるが 日本版同一労働同一賃金の観点から問題あるか

Q21　同一労働同一賃金に関してお聞きします。

当社では、正社員には住宅手当を支給していますが、非正規の職員（パートなど）には住宅手当を支給しておりません。この相違は、正職員には海外勤務の可能性があるのに対して、非正規の職員には海外勤務の可能性がない点からです。しかし、正社員についても、海外勤務の可能性がある部署・役職は限られており、例えば、総務部門の正社員については、海外勤務を命じるケースはありません。非正規職員の中には、正社員と職務の内容に大きな違いはない者もおりますが、当社における住宅手当の格差は問題があるでしょうか。　〔大阪・T社〕

A　不合理な相違であると判断される可能性が高い

〔弁護士・平田健二（安西法律事務所）〕

正社員とパート社員・有期契約社員との間で、賃金等の待遇について不合理な相違がある場合、その相違は違法とされます。住宅手当について、正社員に支給する一方で、非正規社員には海外勤務の可能性がないことを理由に不支給とする相違については、海外勤務の可能性のない部門の正社員がおり、この正社員に住宅手当が支給される場合は、不合理であると判断される可能性が高いと考えられます。また、正社員とパート社員・有期契約社員との間で、職務の内容、職務の内容及び配置の変更の範囲が同一と見込まれる場合は、かかる相違が差別的取扱いであると判断される可能性も高いといえます。

1　短時間・有期雇用労働法の施行

(1)　日本版同一労働同一賃金

働き方改革に伴う法改正の目玉の一つとして、いわゆる同一労働同一賃金が挙げられますが、具体的には、短時間（パート）労働者及び有期契約労働者について、いわゆる正社員と比較して、均衡・均等な待遇確保を図るもので、欧州社会での原則とされていた「同一労働同一賃金」とは異なる日本独自の内容といわれています。

このような短時間・有期契約労働者の均衡・均等待遇を規定した法律は、これまでも、短時間労働者につき「短時間労働者の雇用管理の改善等に関する法律」（以下「パート法」といいます。）の８条・９条、有期契約労働者につき労働契約法20条に定めがありましたが、現在は、労働契約法20条がパート法に統合され、「短時間労働者及び有期雇用労働者の雇用管理の改善等に関する法律」（以下「パート・有期雇用労働法」といいます。）として、令和２年４月１日より施行されています（中小企業は翌年）。

なお、派遣労働者の派遣先労働者との間の均等・均衡については、労働者派遣法にも定めがあります。

⑵　均衡・均等待遇の具体的定め

ア　均衡待遇

パート・有期雇用労働法８条は、企業に対して、雇用している短時間・有期契約労働者の基本給、賞与その他の待遇のそれぞれについて、「通常の労働者」（いわゆる正社員、無期・フルタイム・直接雇用の労働者がこれに該当します。）の待遇と比較して、正社員の①業務の内容及び②当該業務に伴う責任の程度（２つをまとめて「職務の内容」といいます。）、③当該職務の内容及び配置の変更の範囲④その他の事情のうち、当該待遇の性質及び当該待遇を行う目的に照らして適切と認められるものを考慮して、不合理と認められる相違を設けてはならない、としています。

イ　均等待遇

上記で述べた、職務の内容が通常の労働者と同一のパート・有期契約労働者であり、事業主との雇用関係が終了するまでの全期間において、その職務の内容及び配置が当該通常の労働者の職務の内容及び配置の変更の範囲と同一の範囲で変更されることが見込まれるものについては基本給、賞与その他の待遇のそれぞれについて「差別的取扱い」をすることが禁止されています。

ウ　比較対象とすべき通常の労働者とは

パート・有期雇用労働法８条の「通常の労働者」は、文言上、特段の限定はないため、短時間・有期契約労働者と同一の事業主に雇用される全ての「通常の労働者」であると考えられます。

行政の解釈も同様です（「短時間労働者及び有期雇用労働者の雇用管理の改善等に関する法律の施行について」平成31・1・30 基発0130第1号等）。

ただ、実際の紛争においては、短時間・有期契約労働者が、前記①～④の要素に照らして、同様の待遇とすべき通常の労働者を自ら特定して訴訟を提起することが考えられ、当該特定された通常の労働者との比較が問題になるものと考えます。

2　ご質問のケースについて

(1)　均等待遇との関係について

非正規の職員と比較すべき通常の労働者は、貴社に雇用される全ての正社員が対象となります。まず、貴社の住宅手当は、海外勤務の可能性がある者に対し支給するものであることから、その支給の趣旨・目的は、海外勤務による、住居費等の経済的負担を緩和する点にあると仮定できます。海外勤務は、配置の変更範囲に関するところ、正社員と非正規職員の違いをみてみると、総務部門の正社員は海外勤務の可能性がないとのことですので、海外勤務の可能性という点では、非正規職員と変わりがありません。それにもかかわらず、正社員にのみ住宅手当を支給することは、上記仮定した住宅手当支給の趣旨・目的から説明することは一貫性を欠くと評価されるリスクがあります。このような実態に照らせば、非正規職員のみ住宅手当を支給しないとの待遇の相違については、不合理であり、違法と判断される可能性が高いといえます（ご質問のケースでは、「その他の事情」として考慮すべき事情も特段見当たりません。）。

⑵　均等待遇との関係について

貴社の非正規職員の中には、正社員と職務の内容に大きな違いがない者もおられるようです。

仮に、非正規職員とある正社員との職務の内容に違いが全くなく、かつ海外勤務の可能性だけでなく、その他国内の配置変更の範囲も同一といえるのであれば、当該正社員との差別的取扱いが禁じられるため、住宅手当支給の有無にかかる相違は、差別的取扱いとして許されないと判断される可能性が高いと言わざるを得ません。

夜勤の日に年休を取得した者の賃金
夜勤手当も支払うべきか

Q22 年休における賃金の支払い方法について教えてください。

当社では、工場部門は8時間2交代制（日勤、夕勤）でしたが、新型コロナウイルス感染症対策用品の製造のため、今月から8時間3交代制（日勤、夕勤、夜勤）として24時間操業しています。この場合に、夜勤を行う日に勤務した者については、一律6800円の夜間勤務手当を支給しているのですが、夜勤を行う予定の日に年休を取得する従業員に対しても、この夜間勤務手当を支給する必要があるのでしょうか。なお、当社では、年休取得日について、「通常の賃金」を支払う旨を就業規則に規定しています。

〔神奈川・Y社〕

A 所定外労働に対する賃金に該当する場合は支給の必要がない

〔弁護士・山口毅（石嵜・山中総合法律事務所）〕

夜勤の日に年休を取得する場合、夜間勤務手当を支給する必要があるかは、同手当の法的性質により異なり、所定時間外労働に支払われる賃金に該当しない場合は支給する必要があり、所定労働時間外の労働に対して支払われる賃金に該当する場合は、支給する必要がありません。

1　通常賃金の計算方法について

⑴　労基法第39条９項に定める有休手当の支払いについて、通常賃金方式を選択した場合、通常賃金の金額は、労基法施行規則第25条で定める方法により算定することとなります。

同条は、時間給についてはその金額にその日の所定労働時間数を乗じた金額、日給についてはその金額、月給についてはその金額をその月の所定労働日数で除した金額などと定められています。また、労働者の受け取る賃金が、日給と月給といった２つ以上の計算方法が異なる賃金で構成されているときは、各賃金について、それぞれ算定した金額の合計額であると定めています。

⑵　通常賃金方式は、平均賃金方式より計算事務手続きの簡素化を図る趣旨で設けられました。行政解釈は「日給者、月給者等につき、所定労働時間労働した場合における通常の賃金の支払う場合には、通常の出勤をしたものとして取扱えば足り、規則第25条に定める計算をその都度行う必要はないこと」（昭和27年９月20日　基発675号）としています。

2　通常の賃金の範囲

⑴　通常賃金については、上記行政解釈において「所定労働時間労働した場合に支払われる通常の賃金には、臨時に支払われた賃金、割増賃金の如く所定労働時間外の労働に対して支払われる賃金等は、算入されないものであること」と示されています。

⑵　ご質問の夜間勤務手当が、臨時賃金または所定労働時間外の労働に対して支払われる賃金である場合は、通常賃金に夜間

勤務手当を含めないという取扱いをすることができることになります。

⑶　まず、臨時賃金とは「臨時的、突発的事由にもとづいて支払われたもの、及び結婚手当等支給条件は予め確定されているが、支給事由の発生が不確定であり、且つ非常に稀に発生するものをいうこと。名称の如何にかかわらず、右に該当しないものは、臨時に支払われた賃金とはみなされないこと。」（昭和22年９月13日 発基第17号）との行政解釈が示されています。

夜間勤務手当は、夜間勤務をした時に定額を支払われると定めているもので、工場稼働日に、当該業務に従事している労働者全員に支払われるものです。したがって、臨時賃金には含まれないものと考えます。

⑷ア　次に、夜間勤務手当は、所定労働時間内において夜間シフトで働く労働者に対し支給する手当であれば、夜間勤務手当は「所定時間外の労働に対して支払われる賃金」に該当しないということになります。

イ　これに対し、夜間勤務手当が、新型コロナウイルス感染症の発生及び感染拡大による影響を踏まえた中小企業等への対応について（令和２年３月17日 発基0317第17号）の「２ 労働基準法第33条の解釈の明確化」（以下「本通達」といいます。）に記載された、新型コロナウイルス感染症対策品増産のための時間外労働の行政解釈に基づく、または、36協定の範囲内でなされた所定時間外労働に対する割増賃金として支払われた場合は、夜間勤務手当は、「所定時間外労働に対して支払われる賃金」

に該当することになります。

労基法第33条１項は、法定労働時間、法定休日の例外規定として、災害等の避けることができない事由が存在する場合に、36協定を締結していなくても、原則として労基署に事前の許可を受けることにより、法定時間外労働、法定休日労働をさせることができることを定めています。

この労基署が法定時間外労働を許可する基準は、昨年、一部改正がなされています（令和元年６月７日 基発0607第１号）。本通達は、新型コロナウイルス感染症に感染した患者を治療する場合、手厚い看護が必要となる高齢者等の入居する施設において新型コロナウイルス感染症対策を行う場合、新型コロナウイルス感染症の感染・蔓延を防ぐために必要なマスクや消毒液、医療機器等を緊急に増産または製造する場合等が、許可され得ることを明確にしたものといえます。

使用者は、労基法第33条に基づいて法定時間外労働、法定休日労働をした労働者に対し、労基法第37条に基づく割増賃金の支払いをする義務があります。

ウ　それゆえ、御社が、労基法第33条に基づく場合、及び、36協定に基づき、従業員に法定時間外労働をした場合に支払う割増賃金として、夜間勤務手当を支払っている場合は、「所定労働時間外の労働に対して支払われる賃金」することになります。

３　まとめ

以上のことから、夜勤を行う日に有給休暇を取得した従業員に対し、夜間手当を支給する必要があるかは、夜間勤務手当の法的性質により異なり、所定時間外労働に支払われる賃金に該当しない場合は支給する必要があり、所定労働時間外の労働に対して支払われる賃金に該当する場合は、支給する必要がないということになります。

遅刻の回数が多い者に対し賞与から減額できるか

Q23　従業員の賃金カットに関しておたずねします。当社の社員の１人が、遅刻の回数が月に５回程度あり、本人に対しての戒めの意味も含めてこの夏の賞与からいくらか差し引こうと考えております。

当社の就業規則では、従業員が月に３回以上の遅刻・早退をした場合には減給処分を行う旨定めてありますが、これまで該当者はなく、この者にも給与は全額支給しております。毎月の給与からではなく、賞与でこうした処分を行う場合、法的に何か制限がありますか。

A　**１回について平均賃金の半額、総額が10分の１の範囲であれば可能**

労働基準法第91条は、制裁規定の制限として、「就業規則で、労働者に対して減給の制裁を定める場合においては、その減給は、１回の額が平均賃金の１日分の半額を超え、総額が一賃金支払期における賃金の総額の10分の１を超えてはならない」と規定されています。

この場合の制裁とは、職場秩序維持のため就業規則の定めるところによって使用者が、労働者に課すものであり、その一態様として「減給」処分があるということになります。

したがって、遅刻や早退によって、一部労働しなかった場合

就業規則に定めがあれば賞与からの減額も可能である

に、労務の提供がなかった時間や日に限ってそれ相応の賃金を減額することは、ノーワーク・ノーペイの原則からみて当然ともいえます。よって、就業規則などに賃金減額規定を設けておけば、これによって不就労時間に対応する賃金カットができるわけです。このような場合は、減給の制裁には該当しないことになります。

ところが、ご質問のように、月に３回以上の遅刻・早退をした場合には減給処分を行うというような規定は、遅刻または早退による実不就労時間のいかんにかかわらず、回数によって賃金を減額するもので、ノーワーク・ノーペイの原則を超えた賃金減額である可能性が強いといえます。この場合は、「遅刻・早退」を理由とする制裁ということになり、同法第91条の範囲内でしか減給することはできません。

しかもご質問では、この減給処分を毎月の給料ではなく、賞与で行う場合、法的に何か制限があるのですかとおたずねです。

これに関して、「制裁として賞与から減額することが明らかな場合は、賞与も賃金であり、法第91条の減給の制裁に該当する。したがつて賞与から減給する場合も１回の事由については平均賃金の２分の１を超え、また、総額については、一賃金支払期における賃金、すなわち賞与額の10分の１を超えてはならない」(昭63・３・14　基発第150号）と解されています。したがって、制裁として賞与から減給処分を行うことは、法的に何ら問題はありません。

さらに付け加えるならば、「制裁として賞与から減額することが明らかな場合」とあるように、就業規則の中に、「減給処分は賞与から行う」というように減給処分の根拠規定を明確に示す必要があります。

新型コロナ感染で１カ月欠勤した者 賞与算定に反映してよいか

Q24 当社には、新型コロナウイルス感染症に感染して、１カ月間欠勤した社員（仮にＡとします）がいます。Ａは、３月末から５月の連休明けまで休んでいました。３月中は年休を充てましたが、４月のほぼ１カ月間は欠勤と扱っています。

Ａは、PCR検査で２回陰性となり、現在は、元気に働いています。そこで、お聞きしたいのですが、Ａの欠勤していた期間は、６月の賞与の算定期間（昨年12月から今年５月）中なので、欠勤に応じて、満額から16％（約１カ月分）減額した額を支給したいと考えております。従来も欠勤日数に応じて、減額支給してきた実績があります。ただし、この件については明確な支給規定を設けていません。新型コロナ感染者に対する不利益扱いは禁止されているそうですが、当社のような算定方法は、特段新型コロナ感染者に限定した扱いではないので問題ないと思いますが、いかがでしょうか。 〔東京・Ｋ社〕

A **感染者に対する不利益取扱いには該当しない**

〔弁護士・平井彩（石嵜・山中総合法律事務所）〕

業務外で新型コロナウイルスへの感染を理由に欠勤した日数を、他の欠勤と同様に賞与算定上考慮することは、新型コロナ

他の欠勤と同様に賞与算定上考慮することは、新型コロナウイルス感染者に対する不利益取扱いには該当しない

ウイルス感染者に対する不利益取扱いには該当しません。

１　賞与請求権と支給決定

賞与の支給の有無及び額を決定するに当たっては、まずは自社の就業規則や賃金規程の賞与に関する規定がどのような規定になっているかを確認する必要があります。

まず、賞与が具体的請求権として規定されているのかを確認します。賞与の規定は、主として、①支給の有無及び支給額が都度決定されるパターン、②支給額があらかじめ確定しているパターン、③支給の有無が明確ではないパターンの３つのパターンに分類されます。

①のパターンは、「賞与は、会社の業績に応じ、諸般の事情を考慮して支給する。賞与の支給額は、会社の業績に応じ、勤

務成績、勤務態度等を人事考課により評価し、その結果を考慮して都度決定する。」等と規定されているのが一般的です。この場合、賞与の具体的金額や具体的支給基準が決定するまでは、労働者には賞与の具体的請求権は発生しておらず、抽象的請求権を取得しているにとどまります。

②のパターンは、「賞与は、6月と12月に基本給の○カ月分を支給する。」等と規定しているパターンです。このように支給基準が具体的に定められている場合（算定式が明記されている場合等）や賞与の具体的な金額が確定している場合には、労働者は使用者の支給額の決定手続を待つまでもなく、所定の支給月に具体的請求権を取得することになります。

③のパターンは、「賞与は会社の業績により支給される場合がある。」等と規定されているパターンです。この場合、賞与を支給するかは使用者の裁量に委ねられており、使用者に賞与支払義務はないため、労働者は具体的にも抽象的にも賞与の請求権を有していないことになります。

したがって、①や③の場合には、賞与の支給の有無や額を変更しやすいですが、②の場合には、支給額が予め決定されており、業績等の事情によって変動させることは困難です。

次に、①の規定例のように、支給額の決定要素が記載されている場合、当該要素以外の要素を考慮することはできません。そのため、例えば、支給額の決定要素として本人の人事考課の結果しか定められておらず、会社業績を考慮することが明記されていない場合には、会社業績の悪化を理由として賞与の額を決定することはできません。

さらに、賞与の算定期間も検討する必要があります。例えば、6月支給の夏季賞与の算定期間が、前年10月1日から当年3月31日とされている場合には、本年4月以降の新型コロナウイルス感染拡大に起因する業績の悪化を賞与に反映することはできません。

以上を前提に、ご質問のケースを検討すると、就業規則等に賞与の規定はありそうですが、支給基準については明確には規定されていないようです。また、賞与の算定期間は、昨年12月から今年5月とのことですので、今年4月の欠勤を賞与の算定にあたって考慮することは問題ないでしょう。

また、明確な支給規定はないとのことですが、従来も欠勤日数に応じて、減額支給してきた実績もあるとのことですので、欠勤日数を賞与額の決定に当たって考慮することも特段問題はありません。

2　新型コロナウイルス感染者に対する不利益取扱いの禁止

ご質問には、「新型コロナ感染者に対する不利益扱いは禁止されているそうですが」と記載されていますが、これは、厚生労働省が令和3年3月31日に発表した「新型コロナウイルス感染症の大規模な感染拡大防止に向けた職場における対応について（要請）」の内容を指しておられるのではないかと思われます。当該要請文では、「新型コロナウイルス感染症の陽性者等が発生した場合の対応について」の箇所で、事業者においては、職場に新型コロナウイルスの陽性者や濃厚接触者（以下、「陽性者等」といいます。）が発生した場合に備え、「労働者が陽性者等になったことをもって、解雇その他の不利益な取扱いや差別等を受けることはないこと」等の項目を盛り込んだ対応ルールを作成し、労働者に周知いただきたいという記載があります。これは、あくまで要請ですので法的拘束力があるものではありません。業務外で新型コロナウイルスに感染し、1カ月間欠勤したのであれば、当該疾病は私傷病ですので、他の欠勤と同様に欠勤日数を賞与の算定上考慮することは何ら問題なく、上記ご質問にいう不利益取扱いには該当しません。

不利益取扱いに該当するのは、感染したことで周囲の従業員を濃厚接触者にさせ、迷惑を掛けた等の理由で、欠勤日数以上の日数を賞与算定上考慮したり、新型コロナウイルス感染者のみ欠勤として考慮するようなケースであると考えられます。

したがって、新型コロナウイルスに感染し、欠勤した日数を賞与の算定上考慮することは法的には問題ないものと考えます。

賞与支給遅れたが「支給日在籍」の解釈は

Q25　賞与の支給について、つぎのケースにお答えください。

当社の就業規則では、「会社は、業績に応じて夏期（6月）及び期末（12月）に賞与を支給する。夏期賞与の算定基礎期間は、前年の11月21日から当年の5月20日までとし、期末賞与は当年の5月21日から11月20日までとして、それぞれ支給日に在籍する従業員に対して支給するものとする」とされ、これまで夏期、期末手当とも該当月の15日に支払われていました。

ところで、今年の期末賞与については労働組合との交渉が遅れ、目下の状況では少なくとも通常の支払日より1カ月程度は遅れそうですが、12月末で退職を予定している社員に対する期末賞与の支給をどうすべきか教えてください。遅れた支給日に在籍していない場合、規定どおり不支給として構わないのでしょうか。

A　所定の支給日に在籍していれば支給すべき

一般に、賞与については賞与支給の算定の基礎となる期間を勤務していたとしても、支給日当日に在籍していない限り支給しないとする規定を置く企業が多いようです。

裁判例では、「賞与は、従業員にとり単なる会社の恩恵または任意に支給される金員ではなく、労働の対価としてその支払いを義務づけられた賃金の一部であり、支給対象時に在籍しない従業員に対しても使用者は支払義務をもつ」（日本ルセル事件 昭49・8・27 東京高判）としたものもありますが、多くは支給日在籍を条件とする支給規定（もしくは慣行）も正当としているようです。

たとえば、ニプロ医工事件で前橋地裁太田支部は「会社は、賞与を支給日に在籍する従業員にのみ支給する扱いをしており、従業員らもこれに納得し特に反対の意思を示したことはなかった。従って、この取り扱いは慣行として確立しており、またこの扱いは賞与に対し今後の勤務継続への期待も含ませているものと考えられるが、この期待を賞与に込めることは不合理ではなく、公序良俗に反せず正当である」（昭57・9・8）と判断しています。

ところで、このような規定があった場合、これを根拠としてご質問のように決められた賞与支給日が遅れたケースについても、その遅れた支給日当日に在籍していないことをもって賞与を不支給とすることが許されるでしょうか。

前記ニプロ医工事件の前橋地裁の判断に立てば、遅れた支給日についても支給日在籍者のみを対象とする規定が有効とみることもできそうで、また、実際に判決ではこの取り扱いも不合理ではないと判示しています。

しかし、この事件の控訴審で東京高裁は一審の判決を覆し、支給日に在籍しない者には支給しないとする慣行は、給与規定に定めのある支給月中の日をもって支給される場合に限って合理性を有する（昭59・８・28）とし、上告審（昭60・３・12　最三小判）で最高裁も上告を棄却しています。

東京高裁の考え方によれば、支給が遅れるという支給時期の変更により、当然に支給対象者の範囲も変更されるものと解釈すべきだとしていて、結局この場合は支給日在籍者にのみ賞与を支給する旨の慣行は適用されない、とするものです。

裁判例では、「支給日在籍」条項または慣行がある場合の支給日前退職者の賞与については、これを否定する傾向（昭57・10・７　最一小判　大和銀行事件、昭58・３・29　札幌高判　大五タクシー事件ほか）にありますが、そのような慣行が成立しているとは認められない場合は、支給日在籍が要件となっていないということですから、支給日に在籍していなくても他の要件を満たしている限り、賞与を支給する必要があると考えられます。

したがって、ご質問の場合も期末賞与が支給日とされている12月15日を過ぎて支給される場合であっても、期末賞与の支給対象者は変更された支給日に在籍する者に限るとする規定、慣行がない以上、規定上の支給日は夏期が６月15日、期末は12月15日と解釈すべきで、この支給日に在籍する限り実際に支給日が遅れたとしても、支給日に在籍しないことをもって賞与を不支給とすることはできないと考えるべきでしょう。

ご質問のケースでも、12月末で退職を予定されている人については、期末賞与の支給要件を具備しているものとして取り扱うべきでしょう。

時給者の休業補償算定のための平均賃金の計算は

Q26 当社従業員の中に、３人ほど長期アルバイトで働いている学生がいるのですが、過日そのうちのＦが仕事中重傷を負ってしまいました。１カ月の入院加療が必要とのことです。

当社としては、当然労災保険から休業補償給付が出るまでの３日間の待期期間についてＦに休業補償を行わなければならないわけですが、Ｆの平均賃金の算定について迷っている次第です。といいますのは、Ｆの場合、賃金を時間給で支払っているのです。平均賃金の算定は、算定事由発生の直前の３カ月（このケースの場合90日）の賃金をもとに行われるわけですが、この90日間に合計54日（私傷病、休日など）の休業があります。この90日間にＦに支払った賃金総額は、25万円ほど（時給900円）になります。このように、私傷病で休業していた期間をどのように取り扱えばよいのか、お教えください。

A 実稼働日数で賃金総額を除した６割が下限

労災保険の休業補償給付は休業４日目から支給されることになっています。そのため、ご指摘通り「業務上の負傷又は疾病による療養のため、労働することができないために賃金を受けない日の第４日目から支給するものとし、その額は給付基礎額の100分の60に相当する額とする」（労働基準法第14条第１項）とされ、いわゆる待期期間の３日間については、使用者が労働基準法上の休業補償を行わなければならないこととされています。すなわち同法第76条は「労働者が…療養のため、労働することができないために賃金を受けない場合においては、使用者は、労働者の療養中平均賃金の100分の60の休業補償を行わなければならない。」と定められています。

したがって、本来は療養の期間中は労働基準法に基づいて休業補償を行うのですが、第４日目から労災保険の休業補償給付が受けられるので、当初の３日間が労働基準法の休業補償となるわけです。この休業補償は同法第12条の平均賃金を基礎として行われるわけですが、その額は同条の定めに従って算定しなければなりません。

すなわち、第12条第１項では「これを算定すべき事由の発生した日以前３箇月間にその労働者に対し支払われた賃金の総額を、その期間の総日数で除した金額」とされています。

しかし、同条第１項のただし書き第１号では、「賃金が、労働した日若しくは時間によって算定され、又は出来高払制その他請負制によって定められた場合においては、賃金の総額をその期間中に労働した日数で除した金額の100分の60」を下回ってはならないとしています。つまり、Ｆさんのように日給制や時間制の場合は、算定期間中休業の多い労働者については、労働日数との兼ね合いで著しく金額が低くならないような配慮をしているわけです。

たとえば、Ｆさんの場合は原則通りの計算方法によりますと、25万円÷90日＝2,777.77円となりますが、ただし書きの方法（「最低保障」といいます）ですと労働日数が36日ですから、25万円÷36日×0.6＝4,166.66円（銭未満切り捨て）となります。同法第12条の規定は、前者は後者を下回ってはならないとしていますから、4,166.66円がＦさんの平均賃金ということになります。

したがって、ご質問の場合の休業補償は平均賃金（4,166,66円）の100分の60ですので2,499.99…円となり、50銭未満切り捨て50銭以上切り上げにより2,500円となります（通貨の単位及び貨幣の発行等に関する法律第３条第１項）。

営業職に完全歩合制を適用したいが、一定額の保障が必要か

Q 27 当社では、新しい事業所を設けるに当たり、職員を募集する予定でおります。

新たに採用する営業職については、賃金を完全歩合制とすることを考えているのですが、ある人から、歩合給とする場合は一定の保障を行うことが義務づけられているため、完全歩合制をとることはできないという話を聞きました。

そこで、このような規制があるのか否か、また、あるとすれば、どの程度の保障を行えばよいのかの２点についてご教示ください。

A 業績ゼロの場合でも労働時間に応じ一定額の保障が必要

労働基準法第27条は、「出来高払制その他の請負制で使用する労働者については、使用者は、労働時間に応じ一定額の賃金を保障をしなければならない」と定めています。

これは、請負制が労働の結果や成果により賃金額を変動する制度であることから、結果によって、ときに極度に低い賃金額となってしまうことがあり、労働者保護の観点から、労働時間に応じた一定額の保障給を支払うことを義務づけたものです。

ここにいう請負制とは、労働の結果や成果によって賃率が決められるもので、いわゆる歩合制などもこれに該当すると考え

られます。

したがって、貴社が、新しく採用する営業職の賃金を歩合給とする場合には、たとえその成果が少なくても（ゼロであっても）、その労働者に対してそれぞれの働いた時間に応じ、一定額の賃金の支払いを行うことを保障しなければなりません。

つぎに、保障給の額についてですが、これは労働時間に応じた一定額でなければなりません。そのため、保障給は、１時間につきいくらという時間給を原則とするものですが、週、月などの一定期間でいくらという保障給を定めることも可能です。

この場合には、保障給について基準となる労働時間数（通常は一定期間における所定労働時間数と一致）を決め、労働者が実際に労働した時間が基準の時間数を超えたときには超えた時間数に応じて保障給が増額する形をとる必要があります。

保障給の額については、労働者の最低生活を保障する観点から、「常に通常の実収賃金と余りへだたらない程度の収入が保障されるように保障給の額を定める」とされています（昭22・９・13　発基第17号、昭63・３・14　基発第150号）。

一般的な目安としては、使用者の責に帰すべき事由による休業手当が、平均賃金の６割以上の支払いを要求されていることから、保障給の額は、少なくとも平均賃金の６割程度とすることが妥当であると解されています。

なお、実際に労働している以上、労働者は最低賃金法により賃金の最低額を保障されていますので、実際に支払った賃金が、最低賃金額を下回ることは許されません。

ご質問から、貴社が営業職に歩合制を適用する方法として、

① 一部歩合制（固定給＋歩合給）

② 完全歩合制

が考えられます。

①では、その月の歩合給の額と固定給の額とを合わせた額が保障給の額に達しないときには、その差額を支払うものとしなければなりません。

②について、営業成績がゼロである場合には保障給の全額を、ある程度の成果があってもそれによる賃金額が保障給を下回る場合にはその差額を支払うことが必要です。

①、②のいずれも、営業成績に基づく賃金額が、保障給の額以上である場合は、追加して支払う必要はありません。

時期が遅れた賃金カットも許されるか

Q 28　賃金カットについて、２点ほどおたずねいたします。昨年末の年末一時金交渉の際に、組合が２回にわたり時限ストライキを行いました。この件について、賃金カットを遅ればせながら２月の給料で行おうと思うのですが、カットする給料の範囲は家族手当など諸手当も含めてよいものでしょうか。

また、少々日時が経過している点に問題はないものでしょうか、併せてお答えいただけませんか。

A　合理的に接着した時期なら清算も許される

争議中の賃金支払いに関する厚生労働省の解釈によれば、「労働者が同盟罷業、怠業その他の争議行為の結果、契約の本旨に従つた労働の提供をなさざる場合においては、使用者は労働の提供のなかつた限度において賃金を支払わなくとも法第24条の違反とはならない」（昭23・７・３　基収第1894号）としています。そして、賃金カットの具体的範囲については「一般の賃金と同じく家族手当についても、その支給条件の如何にかかわらず争議行為の結果契約の本旨に従つた労働の提供のなかつた限度において支払わなくても法第24条の違反とはならない」（昭24・８・18 基発第898号）としていますので、ご質問の諸手当のカットも可能ということになります。

また、裁判例においても三菱重工業長崎造船所事件（昭56・9・18）で最高裁第二小法廷は、「ストライキ期間中の賃金削減の対象となる部分の存否及びその部分と賃金削減の対象とならない部分の区別は、当該労働協約等の定め又は労働慣行の趣旨に照らし個別的に判断するのを相当」とし、家族手当の削減が労働慣行として成立している以上、その部分からの賃金カットは違法ではないと判示しております。

つぎに、カットの時期の問題ですが、賃金債権に対する相殺について争われた福岡県教組事件（昭50・3・6　最一小判）では、「賃金過払による不当利得返還請求権を自働債権とし、その後に支払われる賃金債権を受働債権とする相殺は、過払のあった時期と賃金の清算調整の実を失わない程度に合理的に接着した時期になされ、しかも、その金額、方法等においても労働者の経済生活の安定をおびやかすおそれのないかぎり、労基法第24条第1項本文による制限の例外として許されるが、減額すべき金額からみても、翌月分の給与から減額することが可能であったのに、2カ月後に減額の決定をし、その翌月に行った本件相殺は、時期の点で右例外に該当しない」と判断されています。

この判断に立てば、ご質問の場合も1月の給与分でカットすることが困難だった理由に合理性があるかどうかが問題と考えられますが、特に合理性が認められない限り、2カ月後の2月時点でカットするのは差し控えるのが妥当でしょう。

通達でも、ストライキ等のため過払いとなった前月分の賃金を、当月分の賃金で清算する程度のものは、賃金それ自体の計算に関するものであるから、労働基準法第24条違反とはならない（昭23・9・14 基発第1357号）と、前掲判決とほぼ同様の見解を示しています。

数回にわたる減給処分できるか

Q29　減給制裁の件でおたずねします。従業員Aを先月度重なる遅刻と無断欠勤を１つの懲戒事由として先月と今月の２回にわたって、平均賃金の１日分の半額について減給処分にしました。ところが、Aは今月に入って会社の重要書類を紛失するという大失敗をしでかし、また減給処分に付すことになったのですが、１日分の半額ではなく５分の１の額を半年間減給することで、今回は落ち着きました。

どちらも、労働基準法第91条の「１回の額が平均賃金の１日分の半額」を超えてはいませんが、こういった方法は問題があるのでしょうか。

A　１回の事案では平均賃金１日分の半額が限度

労働者にとっては、賃金は生活の糧ともいうべきものですが、それゆえに労働基準法第91条では減給制裁について一定の制限を設けています。すなわち、同条は「就業規則で、労働者に対して減給の制裁を定める場合においては、その減給は、１回の額が平均賃金の１日分の半額を超え、総額が一賃金支払期における賃金の総額の10分の１を超えてはならない」としています。

ここでいう「１回の額が平均賃金の１日分の半額を超え」て

はならないとは、１回の事案に対しては減給の総額が平均賃金の１日分の半額以内でなければならない、ということです（昭23・９・20 基収第1789号）。ですから、１回の事案については平均賃金の１日分の半額が上限であり、１日分の半額を、何回にわたって減給してもよいというわけではありません。

しかし、いいかえれば１回の事案について数カ月にわたって減給処分を行っても、その合計金額が平均賃金の１日分の半額以内におさまっていれば、問題はありません。

また、「総額が一賃金支払期における賃金の総額の10分の１を超えてはならない」とは、一賃金支払期に２つ以上の減給制裁該当事案が発生したときに、それらの個々の減給額の合計が一賃金支払期における賃金の総額の10分の１以内でなければならない、という意味です。もし、数件の事案が発生したときに、その個々の減給額の合計がその月の賃金総額の10分の１を超えた場合には、その超えた額は翌月にのばせばよいわけですが、その場合も翌月の賃金総額の10分の１以内の額までで、その月も超える場合にはまた翌月に行う、ということになります。

同条でいう「一賃金支払期における賃金の総額」とは、その賃金支払期における現実に労働者に支払われる賃金の総額をいう（昭25・９・８ 基収第1338号）とされていますので、賃金の総額が欠勤などのために少額となったときはその少額となった賃金総額が、逆に残業などで多額になったときはその多額になった賃金総額が10分の１を計算する場合の基礎賃金額となります。

つまり、貴社の取り扱いでいいますと、勤務成績不良という一事案で平均賃金の１日分の半額ずつを２カ月にわたって減給したのでは、同法第91条違反となります。今月の減給分については、本人に返還すべきでしょう。

また、会社の重要書類を紛失したという今月新たに発生した減給制裁事案については、５分の１の額で半年間にわたって減給を行うということで落ち着いたとのことですが、半年間の減給額を合計しますと平均賃金の１日分の５分の６、つまり10分の12となり１日分の半額という限度を超えてしまいますので、このような減給の制裁はできません。

無給の出勤停止、減給制裁に触れないか

Q30 当社の就業規則では、懲罰規定として戒告、減給、出勤停止、昇給停止、懲戒解雇などを設けているのですが、先般上司に暴力を振るった従業員Aを4日間の出勤停止処分にしました。もちろん、この4日間については無給です。

ところが、Aから「4日間を無給とするのは、労働基準法第91条の減給制裁の規定にある1回の事案について平均賃金1日分の半額、とする制限に違反しているのではないか」といわれたのですが、労働基準法との関連で問題があるでしょうか。

A 無給は出勤停止処分に伴う当然の結果であり抵触しない

ご質問に関しましては、減給制裁の規定には触れないとの判断が明確にされています。すなわち、解釈例規は「就業規則に出勤停止及びその期間中の賃金を支払わない定めがある場合において、労働者がその出勤停止の制裁を受けるに至つた場合、出勤停止期間中の賃金を受けられないことは、制裁としての出勤停止の当然の結果であつて、通常の額以下の賃金を支給することを定める減給制裁に関する法第91条の規定には関係はない。但し、出勤停止の期間については公序良俗の見地より当該事犯

の情状の程度等により制限のあるべきことは当然である」（昭23・7・3　基収第2177号）としています。

以上でおわかりのように、貴社におかれても出勤停止中は無給との規定があるようですから、Ａさんの主張は誤りであって、ご質問の場合、法第91条の減給制裁規定には抵触しないということになります。

また、ご質問と関連して遅刻、早退による精皆勤手当の不支給が減給制裁規定に触れないか、という問題もよく耳にしますが、一定の支給条件に達しなかった者について精皆勤手当の一部あるいは全部を不支給とすることは、労務提供があるにもかかわらず本来支払われるべき賃金を減額するという減給制裁の制限規定には抵触しない、と考えるべきでしょう。

定年再雇用の賃金引上げで再雇用者間に格差 法的に問題あるか

Q 31 当社では、60歳以降の継続雇用については、定年後再雇用時の賃金は、60歳定年時のおおむね70%程度としていますが、現在の同一労働同一賃金に関する関心の高まりを受けて、再雇用時の賃金について、定年時の80%に引き上げたいと考えています。

そうしますと、今後、再雇用される者の賃金が、これまで70%とされてきた者の賃金を上回る、例えば、定年時の職階が上位だった先輩社員の賃金額を逆転するケースが生ずる場合もあります。

このような制度の変更は法的に問題があるのでしょうか。何かよい移行方法があればご教示ください。

〔北海道・U社〕

A 有期契約の場合は賃金差が生じても 旧労契法20条等の適用ない

〔弁護士・山口毅（石嵜・山中総合法律事務所）〕

定年再雇用者が有期契約の場合、賃金差が生じてもパート・有期労働法第８条等の適用はないと考えられます。有利変更に法的な問題はありません。再雇用時の賃金設定方法を一律の基準から再雇用後の業務内容に照らして複数の基準を導入することが考えられます。

1　旧労働契約法20条、改正後のパート・有期労働法８条及び９条の適用要件

⑴　旧労働契約法20条の適用について

旧労働契約法20条は、有期労働契約を締結している労働者の労働条件と期間の定めのない労働契約を締結している労働者の労働条件の相違が、不合理と認められるものであってはならないとするものです。

定年再雇用制度を定めている場合、一般的に、再雇用された労働者の雇用期間は、有期雇用契約となっています。そうすると、再雇用時の賃金を定年前の賃金の70％とした再雇用者（以下「70％再雇用者」といいます。）、再雇用時の賃金を定年前の賃金の80％とした再雇用者（以下「80％再雇用者」といいます。）、いずれも有期雇用者であるということになります。

70％再雇用者と80％再雇用者との賃金差は、有期労働者同士の間で生じていることになりますので、旧労働契約法20条は適用されないことになります。

⑵　改正後のパート・有期労働法８条、９条の適用について

2020年４月１日から施行された改正後のパート・有期労働法８条、９条は、①通常労働者とパートタイマーとの間の労働条件差、②通常労働者と有期労働者との間の労働条件差について、８条は労働条件に不合理な差があってはならないこと、９条は通常労働者と同視すべき労働者は労働条件を差別的に取り扱ってはならないことを定めています。

この「通常労働者」は、社会通念に従い、比較の時点で当該

事業主において通常と判断される労働者とされており、期間の定めのない労働契約を締結しているフルタイム労働者をいうとされています（平成31年１月30日「短時間労働者及び有期雇用労働者の雇用管理の改善等に関する法律の施行について」基発0130第１号職発0130第６号雇均発0130第１号開発0130第１号のP.4）。

そうすると、やはり、改正後のパート・有期労働法８条、９条も、70％再雇用者と80％再雇用者との賃金差には適用されないことになります。

⑶　同一労働同一賃金の法理

丸子警報器事件（長野地上田支判平成８年３月15日）は、同一（価値）労働同一賃金の原則は存在していると認められないと判断しましたが、均等待遇の理念から、重要な労働内容が同一であること、正社員と同様に年功という要素も考慮すべきことなどから、非正規社員の賃金が同じ勤続年数の正社員より賃金（基本給、手当、賞与、退職金）が８割以下となるときは、違法と判断しました。

もっとも、ご質問の例では、70％再雇用者と80％再雇用者との賃金差は10％ですので、同理念にも反していないこととなります。

２　就業規則の最低基準効について

定年再雇用時の賃金額の基準を就業規則で定めていた場合、労働契約法12条が定める就業規則の最低基準効が、70％再雇用者に適用される可能性があります。

例えば、就業規則で「定年再雇用者の賃金は、定年前の80％以上とする。」と定めていた場合、70％再雇用者の賃金が労働契約法12条により無効となり、就業規則の内容である「定年前の80％」となり得ます。

この場合、賃金差はなくなりますが、全員の賃金水準が定年前の80％と御社にとって意図していない状況となることに、ご留意ください。

３　再雇用者の就労意欲への影響

⑴　70％再雇用者の業務内容、責任の程度等が、80％再雇用者労働者と同等、又はそれ以上である場合、70％再雇用者に不満が生じることが多いといえます。70％再雇用者が80％再雇用者と同一の賃金額を求める方法としては、使用者と交渉することが必要となります。場合によっては、労働組合を結成または加入し、団体交渉を求めることも想定されます。

人件費が上昇してもよいということであれば、最大10％上昇を前提に、70％再雇用者の賃金を上昇させることになります。

人件費を変えないということであれば、70％再雇用者の業務内容、責任の程度を減らし、10％の賃金差に不満が生じないように調整することになります。

⑵　賃金に10％の差が生じる原因は、再雇用時の賃金額を定年前の賃金から一律に算出していることに基づいているとも考えられます。再雇用後の賃金体系を見直し、定年前の業務内容、責任の程度、これらと配置の変更の範囲を確認し、定年後の賃金を設定する方法もあります。例えば、再雇用後の業務内容、

責任の程度等を定年前と同様のもの、軽減したもの、補助的な立場になるものの３種類に分け、それぞれについて、想定年収額を定めるという制度が考えられます。

旧労働契約法20条、改正後のパート・有期労働法は、業務内容、責任の程度等に差があるのであれば、労働条件に差を設けることを否定するものではありません。

したがって、一律的な再雇用時の賃金設定から、再雇用後の業務内容、責任の程度等の差に応じた賃金設定へと、変更することを考えられたらいかがでしょうか。

6月の同一労働同一賃金の２つの最高裁判決
どんな影響あるか

Q 32　当社では、定年後再雇用者は、同じ業務を引き続き行うことになっても、月額賃金が従前の60％になる取扱いをしています。この件は、再雇用者の個別の同意を得て、労働条件通知書も発行しています。ところが、2018年6月1日に同一労働同一賃金に関する2つの最高裁判決との関係で「問題があるのでは」との声があります。最高裁判決によって、今後、人事賃金制度に、どのような影響があるか教えていただけないでしょうか。

〔大阪・Ｋ社〕

A　**賃金項目ごとに不合理と認められない事情が必要**

〔弁護士・山口毅（石嵜・山中総合法律事務所）〕

労働者が賃金額に同意していても違反部分は無効、賃金項目ごとに不合理と認められない事情が必要です。基本給は定年再雇用であることを考慮して定めることはできますが違反とならない割合は個別の事情により判断されます。

1　最高裁判決の概要

(1)　ハマキョウレックス事件

ハマキョウレックス事件は、共にトラック運転手である正社員と契約社員との間における労働条件の違いが旧労契法20条に違反するかが争われた事件です。同事件の最高裁判決は、同条の趣旨について職務内容等の違いに応じた均衡のとれた処遇を求める規定であると判断しています。同事件の判断事項を整理すると、①旧労契法20条の効果、②旧労契法20条に該当する要件、③実際の条件差への判断とに分かれています。

① 旧労契法20条の効果

旧労契法20条は、民事的効力があり、労働契約のうち同法に違反する部分は無効となりますが、労働契約を変更する効力はないと判断しました。

② 旧労契法20条に該当する要件

旧労契法20条は条件差が「期間の定めがあること」によるものであることを要件としていますが、最高裁は「期間の定めの有無に関して生じたもの」であれば、その要件を満たすとし、適用する就業規則を異にしているとの事実で要件に該当すると判断しています。

また、同法の、条件差が違法となる「不合理と認められるもの」の判断は、(a)「合理的でない」と同義ではなく不合理と認められるものが違法となる(b)不合理と認められる事実については労働者が、不合理と認められない事実については使用者が主張立証責任を負う、としています。

③ 実際の条件差への判断

正社員と契約社員について、職務の内容（業務の内容及び責任の程度）が同じ、職務の内容と変更の範囲（以下「変更の範囲」といいます）が異なるという事実関係を前提に、住宅手当の支給の有無という差は不合理ではないが、皆勤手当、無事故手当、作業手当、給食手当、通勤手当の有無という差は不合理と判断しています。

⑵　長澤運輸事件

長澤運輸事件は、同じくトラック運転手について、職務内容と変更の範囲が同じ定年前の社員と定年後再雇用の社員との間における労働条件の違いが、旧労契法20条に違反するかが争われた事件です。

同事件は、上記②旧労契法20条に該当する要件に関し、ハマキョウレックス事件に加え、⒞個々の賃金項目に係る労働条件の相違が不合理か否かを判断するに当たり、賃金の総額を比較することのみによるのではなく、当該賃金項目の趣旨を個別に考慮して判断する、⒟不合理か否かを判断する考慮事情として、職務内容、配置転換の範囲及び「その他の事情」となっているところ、その他の事情は、職務内容及び変更の範囲に関連する事情に限定されず、有期契約労働者が定年退職後に再雇用された事情を考慮に入れることができる、と判断しています。同事件は、上記③の実際の条件差への判断について、精勤手当及び精勤手当額が単価に反映されていないので超勤手当について、定年再雇用社員に支給が無いことは不合理と認め、基本給、能率給、職務給、歩合給、住宅手当、家族手当、役付手当、賞与については、支給が無いことを不合理とは認めませんでした。

2　定年退職者の人事賃金制度に与える影響

⑴　雇用確保措置

平成29年度の統計において、高年法の雇用確保措置として継続雇用制度を導入している企業が約８割となっています。継続雇用制度と定年制引上げ等を選択する企業の割合に、今後、影響が生じるかもしれません。

⑵　個別の合意があっても無効

労働契約のうち、旧労契法20条に違反する部分は無効となります。したがって、再雇用時に個別の合意、労働条件通知を行っていても、旧労契法20条違反が争い得ることができるので、賃金制度自体を旧労契法20条に違反しないよう定める必要があります。

⑶　旧労契法20条違反が問題となる労働条件

ご質問では、定年後再雇用した月額賃金が、定年前より40%減額となることについて、ご懸念が生じていると思われます。

旧労契法20条は、個別の労働条件差について問題となりますので、賃金差についていえば、基本給の差だけではなく、賞与、各種手当等についても、問題となります。

⑷　旧労契法20条違反となる基本給の差

長澤運輸事件は、基本給に関し、定年前の賃金体系が「基本給」「能率給」「職務給」との構成であり、定年再雇用後の賃金体系が「基本賃金」「歩合給」との構成であることを前提に、定年再雇用者に「能率給」「職務給」が支給されていないことについて、❶団体交渉の経緯から、「基本給」「能率給」「職務給」と「基本賃金」「歩合給」とが比較対象となることとし、❷それを前提とした場合の賃金差が約２%から12%が生じることについて、❸定年再雇用であるとの事情及び調整給として月額２万円が支給されることから、職務内容と変更の範囲が同一であっても違反しないと判断しました。

職務内容と変更の内容が同一の場合、基本給に10％程度の差であれば違反とならないと思われますが、どの程度の差までが違反とならないのかは明確となっていません。また、調整給を支給していたという事情もあることにも留意が必要です。

また、職務内容は同一であるが変更の範囲が同一ではない場合は、長澤運輸事件と事案が異なりますので、基本給にどの程度の差を設けられるかは、同事件の判決では明らかとなっておりません。

（＊2018年に労務相談室に寄せられた相談に加筆した内容となっており、パート・有期労働法８条及び９条については回答に含まれておりません）

退職半年後に退職金を支給してもよいか

Q 33 退職金の件でお伺いします。

当社では、退職金の支給日については退職金規程で「退職辞令発令後、６カ月以内に支払う」としています。労働基準法第23条では、賃金について労働者の死亡、退職の際、権利者から請求があれば７日以内に支払うこととしていますし、退職金も支給事由の明確なものは労働基準法上の賃金とされています。そうするとこの規程は法律上不適切と考えなければなりませんか。

また、たとえ労働基準法上は許されても、民法の公序良俗に反し規定そのものが無効とされるおそれはないでしょうか。

A 退職金規程の定めがあれば可能

労働基準法第23条第１項は「使用者は、労働者の死亡又は退職の場合において、権利者の請求があつた場合においては、７日以内に賃金を支払い、積立金、保証金、貯蓄金その他名称の如何を問わず、労働者の権利に属する金品を返還しなければならない」と規定しています。

しかし、ここでいう権利者の「請求」とは、具体的に履行期の到来した賃金債務についての請求と解されます。ところで、ご質問の場合の退職金については、履行期が到来した賃金債権とはいえず、退職辞令発令後6カ月経過する日以前に支給すればよいことになり、法に触れる措置ではありせん。

行政解釈でも、「退職手当は、通常の賃金の場合と異なり、予め就業規則等で定められた支払時期に支払えば足りるものである」(昭26・12・27 基収第5483号、昭63・3・14 基発第150号)としているとおりです。

また、民法第90条に規定する公序良俗に反して無効とされるような規定例としては、たとえば「退職の申し出は3カ月前に行うこと。これによらない場合は、退職金を支給しない」などの規定があげられるでしょう。

民法第627条1項では、労働者からの退職申出は14日前の申し入れで雇用契約を解除することができますし、いたずらに期間を設ける合理性もなく、退職金の不支給のためのみにその目的を置くとみられても、この規定例の場合は仕方がないからです。

なお、通常の未払い賃金などの場合は、所定の賃金支払日前であっても、請求があれば7日以内に支払う必要があります。

貸付金と退職金を相殺できるか

Q34 当社は最高2,000万円までの住宅融資制度を実施しています。ところで、最近若いうちに退職する者が出てきたため、退職金のほとんどを住宅融資債務で相殺させてしまうケースが出てきてしまいました。このようなケースでも、法的に問題は出てこないのでしょうか。

A 相殺はできないが労使の書面協定により控除できる

退職金は、就業規則などによってあらかじめ支給条件の明確なものは賃金であると解されています（昭22・9・13 発基第17号）。ご質問のケースはこの点が明らかではありませんが、貴社の場合も就業規則などに基づいて退職金が支払われているものとして話を進めます。

労働基準法第24条第1項は、賃金の全額払いの原則を定めています。したがって、退職金が賃金と解される以上、本原則が適用され、退職金と貸付金とを相殺することはできません。しかしながら、同法第24条第1項ただし書きに基づく、労働者の過半数で組織する労働組合もしくは労働者の過半数代表との書面による協定があれば、それに基づき賃金の一部を控除して支払うことができます。相殺も賃金の一部控除には違いありませんので、ご質問の相殺が許されるためには、控除協定が締結されていることが必要です。

この控除協定の様式について行政解釈は、①控除の対象となる具体的項目、② ①の各項目に定める控除を行う賃金支払日、を記載すべきであるとしており（昭27・9・20 基発第675号、平11・3・31 基発第168号）、貴社の場合も住宅融資返済金という項目及び給与と退職金の支払期日を控除協定の中に記載しておくべきでしょう。

つぎに、退職金からどの程度まで控除できるかという控除額の限度の問題があります。これについては、民事執行法第152条第2項に、退職手当等について、「その給付の4分の3に相当する部分は、差し押さえてはならない」という規定があり、民法第510条は、差押禁止部分についての相殺を禁止しています。

したがって、控除協定が存在する場合であっても、退職金支給額の4分の1を超えて相殺することはできないこととなります。しかし、この規定は、民法第506条の一方的な意思表示でする相殺にのみ適用されると解されています。すなわち、使用者が退職金の支払期日に一方的に相殺を行うのではなく、事前に労働者との間に相殺に関する契約（相殺予約）を締結しており、これに基づき相殺を行う場合には、前述の4分の1の額を超えて相殺ができるということです。

この点に関しては、行政解釈も、使用者が民法第506条の規定による相殺を行う場合でない限りは、控除協定に基づく控除額についての限度はないとしています（昭29・12・23 基収第6185号、昭63・3・14 基発第150号）。

したがって、住宅融資などの貸付金返済のため退職金支給額の４分の１を超えて相殺を行う必要がある場合は、労働基準法第24条第１項ただし書きに基づく控除協定に加え、融資を行う際に、労働者との間で返済条件に関する契約、すなわち退職時に未返済金が残っている場合には、その全額を退職金から控除するなどの明確な取り決めをしておく必要があります。貴社におかれても、以上のような点に留意され、適切な処理をされるようお勧めいたします。

不正事実発覚、退職金返還させ得るか

Q35　退職金の支給についておたずねいたします。実は、当社の古い営業社員で先月退職した者が１人います。解雇ではなく、本人からの申し出による依願退職でした。ところが、本人が辞めてから在社中の不正事実がいくつか出てきました。推測するところ、金銭的不始末が露見するのを恐れて先手を打って辞めたわけです。当社としては早速本人に損害賠償の請求を行い、現在折衝中です。

ところで、問題は退職金です。こういう不正をした人間には、ビター文支払いたくありません。退職を撤回して懲戒解雇として退職金を返還させても法的に問題ありませんか。なお、当社の規定では２年以上勤務した者については、懲戒解雇の場合を除いて退職金を支給する定めになっています。

A　退職後なら不可能、損害額に応じた賠償請求を

すでに退職した者を懲戒解雇とし、支払った退職金を返還させ得るかとのご質問ですが、これは困難と考えるべきでしょう。退職したということは、すでに労働契約も切れており、従業員としての地位もないわけですから、就業規則を適用して懲戒権を発動する余地はないからです。

すでに労働契約も切れており、懲戒権を発動する余地はない

ただ、感情的には、隠していた不正が露見していれば当然懲戒解雇になっていたであろうから、退職金などについては懲戒解雇と同様に取り扱いたい、とする考え方になるのも一理あるといえましょう。しかしながら、退職金も賃金である以上、いったん労働者の手に渡ったものを返還させるには、計算誤りとか、労働者に不正受給の意図があった場合に限られます。

不正が露見していれば、確かに懲戒解雇となって退職金も支払わずにすんだかもしれませんが、現実には露見しなかったのですから、懲戒解雇以外は退職金を支払うとする規定を適用せざるを得ないわけです。

なお、労働者の不正行為によって直接企業が損害を受けたのであれば、その範囲で損害賠償請求を行うことはもとより可能です。

昇給の決定が遅れ遡って差額を支給
退職者の支払いは

Q 36 当社では、4月に昇給を行っていますが、具体的な昇給額については、労使の話し合いを経て決定しています。しかし、実際には、労使の話し合いにより決定するのが5月中旬になるケースが多く、その後、遡って差額を支給しています。

この度、4月末日に退職する者がおりますが、その時点では昇給額が決定していないので、4月分の賃金については、従来の賃金を支払うことになります（4月25日に支給予定）。

この場合、昇給が決定した時点で、差額を支払わなければならないのでしょうか。

〔福岡・H社〕

A **差額を支払う旨の合意がない限り**
差額の支払いは不要

〔弁護士・田島潤一郎（安西法律事務所）〕

昇給した賃金の差額の請求権については、具体的な昇給額が決定して初めて発生するものですから、具体的な昇給額が決定する前に退職した労働者には、差額を支払う旨の合意が成立していない限り、昇給した賃金の差額を支払う必要はありません。

1　昇給差額の遡及払いについて

昇給の時期については、就業規則において、年度初めである4月と定められている会社が多く見受けられます。この場合、4月分の賃金支給日までに昇給額が決定できれば、4月分の賃金支給日には、昇給後の賃金を支払うことができます。

もっとも、具体的な昇給額について、労使協議を経て決定することにしている会社では、協議が長引いた場合等には、4月分の賃金支給日までに昇給額を決定することができない場合も想定されます。

このように、4月分の賃金支給日を経過した後に具体的な昇給額が決定された場合、4月の賃金支給日に昇給していたものとして扱い、昇給前後の賃金の差額を支払うことが考えられます（昇給差額の遡及払い）。

2　具体的な昇給額決定前の退職者への昇給差額の遡及払い

(1)　問題の所在

問題となるのは、具体的な昇給額が決定した時点で、すでに労働者が退職している場合です。この場合に、退職した労働者に対して昇給差額を支払う必要があるのでしょうか。

(2)　退職者にも昇給差額を支払う旨の規定がある場合

この規定により、退職者であっても、昇給差額の請求権を取得しますので、会社は、退職した労働者に対しても、具体的な昇給額が決定した時点で昇給差額を支払う必要があります。

(3)　退職者には昇給差額を支払わない旨の規定がある場合

では、具体的な昇給額が決定した時点で労働者が退職している場合に、当該労働者には昇給差額を支払わないと定めることは可能なのでしょうか。

この点については、解釈例規において、「9月3日に本年1月からの新給与を決定し、遡及支払を行う場合、1月以降9月2日迄の退職者については支給しないと規定するのは違法か」との問いに対して、「新給与決定後過去に遡及して賃金を支払うことを取決める場合に、その支払対象を在職者のみとするかもしくは退職者をも含めるかは当事者の自由であるから、設問の如き規定は違法ではない。」とされています（昭23.12.4基収4092号）。

この解釈例規を前提とすれば、具体的な昇給額が決定した時点で退職している労働者には昇給差額を支払わない旨を定めることは可能です。そして、そのような定めがある場合には、退職した労働者は、昇給差額の請求権を取得するものではありません。

よって、この場合、会社は、退職した労働者に対しては、昇給差額を支払う必要はないと考えられます。

⑷　退職者への昇給差額の支払いについて規定がない場合

この場合には、「昇給は4月に行う。」などの昇給に関する規定を拠り所にすることになります。

この点については、このような規定によって、具体的な昇給額決定前の退職者であっても、4月の時点で（退職前に）昇給を受ける権利を取得しており、この権利に基づいて昇給差額を請求することができるとの考えも成り立ちます。

しかし、「昇給は４月に行う。」などの規定があるにとどまり、その昇給額が具体的に定められていないのであれば、具体的な昇給差額の請求権は、４月の時点では発生しておらず、具体的な昇給額が決定した時点で発生するものと考えるべきです。

そのため、たとえ昇給月である４月の時点で在職中であっても、具体的な昇給額が決定した時点で退職している労働者は、具体的な昇給差額の請求権が発生する前に退職している以上、昇給差額の請求権を取得するものではありません。

よって、この場合、会社は、退職した労働者に対しては、昇給差額を支払う必要はないと考えられます。

裁判例でも、昇給について、労働協約で「会社は組合員に対し年１回４月度の給与より昇給を行う。但し、昇給額については支部と協定するものとする」とされていた会社で、８月に入ってから、会社と組合との間で昇給額の合意ができたが、４月から８月までの期間に退職した労働者が昇給差額の支払いを求めた事案で、「昭和49年度の賃金に関する協定の効力を受けるためには、右協定の成立した昭和49年８月13日当時において、相手方の従業員としての地位を有する組合員が、或いは、少くとも解雇後その効力を争っている者であることを前提とするものといわざるを得ない。」と判示したものがあります（淀川プレス製作所事件・大阪高決昭和50年４月22日労判230号67頁）。

3　ご質問の件

ご質問の件においても、退職者に昇給差額を支払う旨の合意が成立していない限り、昇給差額を支払う必要はありません。

社員時の年休を嘱託となった後に取得、賃金はどうする

Q37　年次有給休暇取得日に支払うべき賃金についてお聞きします。

当社は、社員が年次有給休暇を取得した日については、通常の労働日の賃金を支払うこととしています。当社には、定年の60歳に達した以降も引き続き嘱託として勤務している者がいるのですが、このような者が、社員のときに付与された年次有給休暇を嘱託となった後に取得した場合、賃金は、社員のときの賃金額に応じて支払われなければならないのでしょうか。

A　年休取得日の規定に定める賃金で支払えばよい

年次有給休暇取得日の賃金については、①通常の労働日の通常の賃金、②平均賃金、③健康保険法第40条第１項で定める標準報酬月額の30分の１の額（労使による書面の協定がある場合に限る）、の３つのうちいずれかのものを支払わなければならないとされています（労働基準法第39条第９項）。前記①～③のうち、いずれの方法で支払うかについては、就業規則などで明確にしておくことが必要です。そして、この支払方法を定めた場合には、必ず、その選択した方法で支払わなければなりません。どの方法で支払うかを、その都度決定するような取り扱

いは認められません。

貴社は、①の通常の労働日の通常の賃金を支払っているということです。

年次有給休暇については、定年後も引き続き嘱託などとして再雇用する場合、実質的に労働関係が継続しているとみなされることになります。したがって、定年時に有している残余の年次有給休暇は、嘱託となった後も付与された日から２年間の時効にかかるまでは取得できることになります。

年次有給休暇の発生要件である勤続年数についても、定年前の勤続年数を通算することになります。

では、この場合、年次有給休暇取得日の賃金については、嘱託となった後の時間給額に応じた賃金を支払えばよいのか、それとも、社員のときの賃金額に応じて支払わなければならないのでしょうか。この点については、年次有給休暇取得日における労働契約の内容によって支払うことになります。したがって、嘱託の身分に変更された後に社員のとき（一般に嘱託より賃金額が高い）に付与された年次有給休暇を取得する場合も、年次有給休暇の取得日について、社員のときの賃金額に応じた賃金を支払う必要はありません。年次有給休暇取得日の契約内容、つまり、嘱託としての賃金額に応じた賃金を支払えば足ります。

これは、たとえば、パートタイマーから社員に身分変更され、賃金が増加した場合に、パートタイマーのときに付与された年次有給休暇を社員となった後に取得するような場合も社員となった後の賃金に基づき支払います。

なお、ご質問のケースとは異なりますが、パートタイマーなどについて、年度の途中で週の所定労働時間など契約内容が変更されるケースが少なくありません。この場合も、前述したように、年次有給休暇取得日の賃金は、年次有給休暇取得日での契約内容によって支払うことになります。

たとえば、１日４時間勤務のときに発生した年次有給休暇を、１日６時間勤務になった後に取得した場合には、年次有給休暇取得日については、４時間分の賃金ではなく、６時間分の賃金を支払わなければなりません。

勤めていた会社が倒産 未払いの賃金を支払ってもらえるか

Q38 勤めていた会社の社長が行方不明となって、会社が事実上倒産状態となりました。支払ってもらっていない賃金があるのですが、国が賃金の支払いを立て替える制度があると聞きました。どのような制度で、また、いつまでさかのぼって支払ってもらえることができるのでしょうか。

A 賃金が支払われないまま退職した労働者に対して、未払賃金の一部を立替払する制度を利用できる

「未払賃金立替払制度」は、企業倒産により賃金が支払われないまま退職した労働者に対して、「賃金の支払の確保等に関する法律」に基づいて未払賃金の一部を立替払する制度です。

会社が倒産した場合に立替払制度の対象となる倒産は次のとおりです。

① 法律上の倒産

・破産手続開始の決定を受けた場合（破産法）

・特別清算開始の命令を受けた場合（会社法）

・再生手続開始の決定があった場合（民事再生法）

・更生手続開始の決定があった場合（会社更生法）

② 事実上の倒産

では、事実上の倒産とは、どういう場合をいうのでしょうか。「事業活動が停止し、再開する見込みがなく、かつ、賃金支払能力がない」状態（賃金の支払の確保等に関する法律施行規則第８条）をいい、中小事業主について破産等の法的な手続がとられていない場合に、事業活動に著しい支障を生じたことにより労働者に賃金を支払えない状態になったことについて所轄労働基準監督署長の認定があった場合をいいます（賃金の支払の確保等に関する法律第７条、同施行令第２条第１項第４号）。

なお、「中小企業」とは、中小企業基本法に規定する中小企業者の範囲と同様であり、業種別の資本の額及び使用する労働者数により次のとおりとなっています。

・中小企業事業主の範囲

一般産業（卸売、サービス、小売業を除く）資本金３億円以下または労働者300人以下

卸売業 資本金１億円以下または労働者100人以下

サービス業 資本金５千万円以下または労働者100人以下

小売業 資本金５千万以下または労働者50人以下

また、社長が行方不明になっていて法的な倒産手続がなされていない場合でも、所轄労働基準監督署長から事実上の倒産に当たると認定されたときには、立替払を受けることができます。手続については、法律上の倒産（破産等）の場合と異なるところがありますので、最寄りの労働基準監督署に相談してください。

会社が営業を続けている場合でも、民事再生手続等立替払制度の対象となる倒産である場合には、未払賃金立替払制度の対

象になります。

未払賃金立替払制度は、会社が倒産した場合に事業主に代わって国が未払賃金の一部を立替払する制度ですが、この「倒産」には、破産や事実上の倒産など事業活動が停止状態となっている場合と、民事再生手続などのように事業活動が継続している場合とがあります。

したがって、営業を続けている場合でも上記の「倒産」に該当するときには、立替払制度の対象となります。

ご質問では、さかのぼって支払ってもらうことができるのかどうか、ということですが、立替払の対象となる退職は、「破産手続開始等の申立日又は倒産の事実についての認定申請日」の６カ月前の日から２年の間の退職です。すなわち、たとえ倒産前の退職であっても、この期間内であれば対象となります。

また、退職事由については、自己都合であるか、事業主都合（解雇）であるかは問いません。

もちろん、パートタイマーやアルバイトとして働いていた方であっても、労災保険の適用事業場に雇われて賃金を得ていた労働者であれば、国籍、雇用形態等を問わず未払賃金の立替払事業の対象となります。

なお、役員であっても、業務執行権、代表権を持たず、それらを有する役員の指揮監督を受けて労働し、かつ、その対償として賃金を得ているような場合には、対象となる場合があると考えられます。労災保険適用事業に雇用される労働者であれば未払賃金立替払制度の対象となりますが、この「労働者」とは、労働基準法第９条に規定する労働者のことをいいます。したがって、会社役員の労働者性についての考え方も同法の考え方と同様となり、代表者又は執行機関のような事業主体との関係において使用従属の関係に立たない者は対象とならないと考えられます。

また、建設業において、下請負人である事業主が倒産した場合にも、立替払の対象となります。建設業の事業が数次の請負によって行われる場合には、いわゆる「請負事業の一括」として、その事業を一の事業とみなし、元請負人のみを労働保険の適用事業主としています（労働保険の保険料の徴収等に関する法律第８条）。

未払賃金立替払制度が適用となる企業は、労災保険の適用事業として１年以上にわたって事業活動を行ってきた企業となります。

立替払いの対象となる賃金は、退職日の６カ月前から立替払い、請求の日の前日までに支払日が到来している定期賃金及び退職手当とされていて未払賃金額の80％とされています。

事実上の倒産の場合は認定申請の手続きを所轄の労働基準監督署長に行い、確認通知書が交付された後に立替請求書及び退職所得の受給に関する申請書・退職所得後申告書を独立行政法人労働者健康安全機構に送付します。

男性のみ営業職と、事務職で賃金に差があるが違法か

Q39 賃金についておたずねします。

当社の賃金規程は、部分的に営業職と事務職とで賃金の取り扱いに差があります。営業職は、製品の積み下ろしの作業が伴うため男性のみで、事務職は圧倒的に女性が多くなっています。その結果、男性の賃金が高く、女性の賃金が低いという現象が生じており、また退職金の計算方法も営業職に有利で、この点も男性に比べ女性の退職金額が低いという結果になっています。

このような取り扱いでも、法的に問題はないのでしょうか。

A 職種による差であれば違法ではない

労働基準法第４条は、男女同一賃金の原則について規定しています。すなわち、同条は、「使用者は、労働者が女性であることを理由として、賃金について、男性と差別的取扱いをしてはならない」としていますので、性別を理由として男女別々の賃金体系、賃金形態、賃金額を定めることは、同条違反となります。

「女性であることを理由として」について、解釈例規は、「労働者が女性であることのみを理由として、あるいは社会通念と

して又は当該事業場において女性労働者が一般的又は平均的に能率が悪いこと、勤続年数が短いこと、主たる生計の維持者ではないこと等を理由とすることの意であり、これらを理由として、女性労働者に対し賃金に差別をつけることは違法であること」（昭22・9・13 発基第17号、平9・9・25 基発第648号）としています。

また、「差別的取扱い」の解釈については、「職務、能率、技能、年齢、勤続年数等によつて、賃金に個人的差異のあることは、本条に規定する差別的取扱いではないが、例えばこれらが同一である場合において、男性はすべて月給制、女性はすべて日給制とし、男性たる月給者がその労働日数の如何にかかわらず月に対する賃金が一定額であるに対し、女性たる日給者がその労働日数の多寡によつてその月に対する賃金が前記の男性の一定額と異なる場合は法第4条違反であること。

なお、差別的取扱いをするとは、不利に取扱う場合のみならず有利に取扱う場合も含むものであること」（昭22・9・13 発基第17号、昭25・11・22 婦発第311号、昭63・3・14 基発第150号、平9・9・25 基発第648号）としています。

解釈例規にもありますが、ご質問のケースのように営業職と事務職とで賃金額を別々に設定すること自体に問題はありませんが、同じ営業職で学歴、勤続年数、年齢などが同一であるにもかかわらず男女で賃金が異なっている場合には、第4条違反を問われることになるわけです。

退職金も、支給条件が明確であれば賃金とされていますので、前述と同様に考えて差し支えありません。同一職種であるにもかかわらず、男女という性別に着目して、退職金の計算において男性と女性で計算式が異なっているような場合は、やはり同条違反となります。

ちなみに、退職金に格差を設けるケースの一つに、女性が結婚退職した場合に一般の退職とは別扱いとし、退職金に上積みを行ういわゆる結婚退職上積制度がありますが、これもやはり女性であることを理由（すなわち労働者の性別を理由）に退職金について有利な取扱いをすることになり、同条に違反することになります。

なお、ご質問の場合、営業職は男性に限られているようですが、そもそもこの取り扱いは、事業主は、「労働者の配置（業務の配分及び権限の付与を含む。）、昇進、降格及び教育訓練」について、労働者が女性であることを理由として、男性と差別的取扱いをしてはならないとする男女雇用機会均等法第６条第１項に触れます。製品の積み下ろしの作業の程度がわかりませんが、労働基準第64条の３に規定する就業制限規定に違反するようなものでない限り、広く女性にも営業の仕事を開放すべきでしょう。

第2章

割増賃金

1日8時間以内の残業に割増賃金必要か

Q 40　割増賃金に関連した問題についておたずねします。当社の所定労働時間は、午前9時から午後5時です。昼に1時間の休憩がありますので、実働7時間となっています。この場合、午後5時から1時間の残業を行ったときは、どう処理すればよいのでしょうか。

労働基準法では、1日8時間を超えた労働について割増賃金の支払いを義務づけていることから、当社としてはこの残業に対し割増賃金は支払っていませんが、これでよいのでしょうか。

A　法定労働時間を超えなければ割増賃金の義務はない

ご指摘のように、労働基準法が使用者に割増賃金の支払いを命じているのは、1週40時間（商業・サービス業で常時使用する労働者の数が10人未満の特例措置対象事業場にあっては、44時間)、1日8時間の法定労働時間を超える労働に対してです。したがって、おたずねのケースのように所定労働時間を超えて時間外労働を行ったとしても、法定労働時間の範囲内であれば法律上割増賃金を支払う義務は生じません。

そうしますと、法定労働時間に達するまでの時間外労働に対する賃金が問題になるわけですが、就業規則などでその際の取

たとえ所定労働時間を超えて労働したとしても、法定労働時間を超えない限り割増賃金の支払義務はない

り扱いが決まっていれば、それによることは当然です。

つまり、就業規則などで「所定労働時間を超えて勤務したときは、時間外勤務とし所定の割増賃金を支給する」旨規定している場合には、その定めにしたがって割増賃金を支払わなければならず、もしこれに反すると労働基準法第24条の賃金の全額払いに違反することになります。

しかし、別にこのような取り決めがないような場合は、その間の賃金は少なくとも所定内労働に対して支払われる賃金の1時間当たりの時間賃金が支払われるべきでしょう。

おたずねのケースとまったく同じ問題について、解釈例規も「法定労働時間内である限り所定労働時間外の1時間については、別段の定めがない場合には原則として通常の労働時間の賃金を支払わなければならない。但し、労働協約、就業規則等によつて、その1時間に対し別に定められた賃金がある場合にはその別に定められた賃金額で差支えない」(昭23・11・4　基発第1592号)としています。

遅刻した者の割増賃金はどうなるか

Q 41 就業規則に定める所定労働時間を超えて労働させた場合、実働８時間以内であっても割増賃金は必要になるのでしょうか。当社の就業時間は、就業規則で始業午前８時45分、終業午後５時、昼休み45分（実働７時間30分）と定められ、また、就業規則で「時間外又は休日に労働を命ずる場合がある」、「時間外勤務又は休日勤務を命じた場合は、割増賃金を支給する」旨規定されています。

こうした場合、つぎのような具体的事例はどのように処理すればよいか、おたずねする次第です。

1　終業時刻の午後５時を過ぎ、午後５時30分まで30分間の所定時間外労働に対しても２割５分増しの時間外手当を支払うべきか、それとも通常賃金の30分間を追加支給することでよいか。

2　つぎに、午前中２時間遅刻した者が、その日午後５時以降２時間（実働７時間30分）または２時間30分（実働８時間）労働した場合、その日の所定終業時刻以降の労働に対しては割増賃金を支払うべきか、それとも通常の時間あたり賃金で足りるか。もちろん、午前中２時間の遅刻に対しては時間割りで賃金カットを行います。

以上よろしくお願いします。

A　就業規則の定めによる

労働基準法第37条は時間外、休日労働の場合には、少なくとも２割５分以上５割以下の率で計算した割増賃金を支給すべきことを義務づけ、政令で時間外労働については２割５分以上（１カ月60時間を超える場合は５割（中小企業は令和５年３月31日まで適用猶予））、休日労働については３割５分以上と定めています。また、時間外労働が１カ月60時間を超えた場合にその超えた部分の時間については５割以上と定めています（令和５年３月31日まで中小事業主は適用猶予）。また、労使協定をすれば、引上げ分の割増賃金の支払いに替えて代替休暇を与えることができます。

なお、割増賃金を支払うべき時間外労働とは、同法第32条（法定労働時間）または第40条（労働時間の特例）に規定する労働時間を超える労働をいいます。

したがって、就業規則などで実働８時間に達しない労働時間を定めている場合には、同法上はその所定労働時間を超えて労働させても、実働８時間を超えない限り割増賃金を支払う義務はありません。ただし、その時間については「別段の定めがない場合には原則として通常の労働時間の賃金を支払わなければならない。但し、労働協約、就業規則等によつて、その１時間に対し別に定められた賃金額がある場合にはその別に定められた賃金額で差し支えない」（昭23・11・４　基発第1592号）とされています。

つまり、労働基準法が支払いを強制している割増賃金は、実働8時間を超えた部分に対するものであり、実働8時間に達しない部分（ご質問の場合は、午後5時以降の30分の時間外労働）について割増賃金を支払うかどうかは、その事業場の定めにより決められることになります。

したがって、事業場においてこの点について特段の定めがないのであれば、割増賃金を支払わなくても違反になりませんが、仮に所定終業時刻は午後5時とし、これを超える時間外労働に対して割増賃金を支給する旨定めている場合には、その支払いが労働契約の内容を構成することとなりますので、支払い義務が生じ、支払わない場合には同法第24条の賃金の全額払いに抵触することとなります。ご質問の場合には、就業規則で「時間外勤務又は休日勤務を命じた場合は、割増賃金を支給する」旨規定されているとのことですが、ここでいう時間外勤務とは労働基準法でいう法定時間外労働をいうのか、所定労働時間である7時間30分を超えたものをいうのか明確ではありません。

そこで、就業規則では、割増賃金支払いの対象となる時間外労働の起算点について、明確にしておく必要があるでしょう。

また、ご質問の「2」についても、実働8時間を超えてはいませんので、労働基準法上の時間外労働についての労使協定（三六協定）及び割増賃金を支払う義務は生じませんが、ご質問の「1」の場合と同様の取り扱いとなります（昭29・12・1 基収第6143号、昭63・3・14 基発第150号、平11・3・31 基発第168号）。

深夜割増賃金を定額で支払ってよいか

Q42 当社では、今度一部の業務について三交替制を導入することにしております。案によれば、三番方の労働時間が夕方5時から翌朝の9時までの12時間（途中4時間は、休憩時間）ということになっています。この部署のスタッフについては、変形労働時間制にして1週平均40時間以内としていますから、時間外労働手当は直ちに必要はないと思いますが、深夜手当は当然に必要になると思います。

そこで、この深夜割増賃金の支給方法ですが、一定額で支給することはできないのでしょうか。また、この手当は時間外労働に対する割増賃金の算定基礎に含めることになりますか。

A 法定の割増賃金額を下回らなければ可能

労働基準法第37条第4項は、「使用者が、午後10時から午前5時まで（厚生労働大臣が必要であると認める場合においては、その定める地域又は期間については午後11時から午前6時まで）の間において労働させた場合においては、その時間の労働については、通常の労働時間の賃金の計算額の2割5分以上の率で計算した割増賃金を支払わなければならない」と規定しています。

したがって、法定労働時間を超える時間外労働、法定休日の日の休日労働はもとより、深夜業に対しても同法第37条により割増賃金を支払わなければなりません。ここでいう深夜業とは、深夜の時間帯（午後10時から午前５時）における労働のことですので、この深夜業がたとえ所定労働時間内のものであっても、割増賃金を支払わなければならないことはいうまでもありません。

ところで、ご質問の場合は交替制勤務従事者については変形労働時間制をとり、変形期間内の各週の平均所定労働時間を法定労働時間の範囲内で配分しているとのことですので、この時間内に収まっている限り、たとえ特定の週の所定労働時間が法定労働時間を超えていたとしても、時間外労働とはならず、したがって時間外労働に対する割増賃金の支払義務も生じません。

しかし、三番方の勤務は深夜時間帯の勤務を含みますので、深夜業に対する割増賃金の支払いは避けられないことになります。

さて、ご質問はこの深夜業の割増賃金を一定額で支給することが可能かということですが、これは定額による支給額が現実に深夜業に従事した時間について同法第37条に規定する計算方法により算出した割増賃金額を下回らない限り、可能です。

貴社のように交替制を採用している場合、ある程度の賃金締切期間内における深夜業の時間数が定量的に把握できることから、割増賃金の計算事務の簡素化を図りたいとの趣旨のように推測できますが、ただ突発的な事故やシフトの組み方によって深夜業の時間数に変動が生じたような場合には、法定の深夜割増賃金も変動しますから、これを下回らないように常に留意する必要があり、仮に下回った場合は、差額を支払う必要があります。

また、この手当を時間外労働に対する割増賃金の算定基礎に含めるべきかとのことですが、割増賃金の計算基礎たる「通常の労働時間または労働日の賃金」は、割増賃金を支払うべき労働が深夜でない所定労働時間中に行われた場合に支払われる賃金ですから、この手当が同法第37条による深夜割増賃金であるならば、含める必要はありません（昭26・3・20 基収第3803号）。

残業中の仮眠時間にも割増賃金必要か

Q43　所定労働時間が午前９時から午後６時まで（正午から１時間休憩）で、業務終了後翌朝７時まで時間外労働をさせた場合（途中、午後６時から１時間食事時間を与え、０時から午前４時まで仮眠時間を与える）、つぎの点についてお答えください。

1　時間外勤務明けの日に、所定労働時間勤務させても構わないか。この場合、割増賃金を支払わなければならない時間の計算はどうなるか。たとえば、仮眠時間についても割増賃金の支払いが必要となるか。

2　時間外勤務の代わりに、勤務明けの日を休ませれば割増賃金を支払わなくても構わないか。つまり、休日の振り替えと同様に取り扱えないか。

A　睡眠時間は休憩時間であって支払義務ない

まず、「１」についてお答えすると、労働基準法では、休日の付与に関して毎週少なくとも１回（もしくは、４週に４日以上）を義務づけているだけです。また、徹夜勤務明けの日が休日であれば休日労働としての割増賃金が必要な場合があります。

反対に徹夜勤務明けの日が通常の労働日であり、所定労働時間に労働させたとしても割増賃金の支払いの義務は発生しません。ただし、安全配慮義務に注意しなければなりません（労働契約法第５条）。

なお、割増賃金の計算に当たって、一昼夜交替勤務に就く者について、夜間継続４時間の睡眠時間を与えた場合は、それが深夜にわたる場合であってもその時間を休憩時間とみなし、深夜割増賃金を支払う必要がないとした解釈例規（昭23・４・５基発第541号、昭63・３・14 基発第150号、平11・３・31 基発第168号）がありますので、時間外労働の時間中に休憩時間や睡眠時間がある場合は、この時間を差し引いて計算して構いません。

ただし、この場合の休憩時間や睡眠時間はその時間労働から解放されていることが保障されていなければならず、単なる手待時間のようなものは労働時間にカウントしなければなりません。

続いて「２」についてお答えします。徹夜勤務明けの日を休ませれば、振替休日と同様に考えて割増賃金を支払わなくてよいかとのご質問ですが、そのような取り扱いは許されません。

そもそも、振替休日というのはあらかじめ休日とされている日を労働日とし、他の労働日を休日とする措置で、就業規則による規定など一定の要件、手続きなどを備えていなければなりません。

夜半緊急に呼び出した際の割増賃金は

Q44　私どものところは病院ですが、仕事の関係上昼間勤務の技師などを夜半急に呼び出して勤務に就いてもらうことがあります。この場合の割増賃金の支払いをどのように考えるべきか、つぎのケースにお答えください。

たとえば、通常の勤務が午前9時から午後5時30分とした場合で、この勤務に就いた者を翌日の深夜1時から午前9時まで再び勤務に就いてもらったようなときは、どのような取り扱いをすればよいのでしょうか。

また、この場合、引き続き午前9時からの通常勤務に就くケースと、通常の勤務を休んで帰るケースとで具体的に割増賃金の計算がどうなるのか、ご教示ください。

A　当日の所定勤務に係る始業時刻の繰り上げとして処理

ご質問の場合は、前日の所定労働時間の勤務に続く勤務、すなわち、前日の継続勤務とみる方法と翌日の勤務として取り扱うことが考えられます。

たとえば、通常の所定労働時間に続く勤務については、「たとえ暦日を異にする場合でも一勤務として取り扱う」（昭63・1・1　基発第1号）とされていて、「労働が継続して翌日まで及んだ場合には、翌日の所定労働時間の始業時刻迄の分は前日の超過勤務時間として取扱われる」（昭28・３・20 基発第136号）こととされています。しかし、ご質問の場合では、前日の勤務は所定終業時刻の午後５時30分に終わっていますし、翌日の午前１時に再び勤務に就くといっても相当の時間があいていますので、このケースについて継続勤務とみるのは無理でしょう。

ただし、相当の時間があいている場合であっても、前日の労働時間の延長であればこれを通算して割増賃金を計算しなければなりません。

ところで、ご質問の午前１時からの勤務は、その日の所定勤務における始業・終業時刻の繰り上げと解する方法も考えられます。そうしますと、午前１時から午前５時までの４時間については深夜割増賃金、午前５時から午前９時までの勤務については、通常の時間当たり賃金を支払うことになります。

つぎに、午前９時から引き続き所定の勤務に就くということであれば、労働時間が８時間を超えることになりますので、１日についてみる限り８時間を超えたところから時間外労働の割増賃金を支払わなければなりません。ただ、１日について８時間を超えていなくても、週の法定労働時間である40時間（特例措置対象事業場にあっては44時間）を超えている場合は、同様に時間外労働とされることになりますので、注意が必要です。

また、午前９時からの所定勤務を休むということになりますと、この所定勤務に対してはノーワーク・ノーペイの原則から、賃金を支払う義務は生じないということになります。

なお、所定勤務に就かないことが予想されるのであれば、午前１時から９時までの勤務は６時間を超えていますので、同法第34条により少なくとも45分の休憩時間を労働時間の途中で与えておかなければなりません。

停電で終業時刻を1時間繰り下げたが割増賃金は

Q45 当社は精密機械の製造をしていますが、先日、当社の周辺地域一体が停電して製造ラインがストップしてしまいました。しかし、ちょうど繁忙期であったため、その日をそのまま休業とするわけにはいかず、送電が開始されるまで、従業員には自由に休憩をとってもらいました。そして、約1時間後に送電が開始されたので、その日の終業時刻を1時間繰り下げて作業をしました。

当社は1日8時間労働となっており、その日も実質8時間だったのですが、通常の終業時刻は1時間を超えていたことから、この1時間について割増賃金を支払わなければならないのでしょうか。

A 実質の労働時間が8時間以内ならば不要

労働基準法第37条は、使用者に対し、①日もしくは週の法定労働時間を超えて労働させた時間、②法定の休日に労働させた時間、③深夜に労働させた時間について、割増賃金を支払う義務を課しています。

この場合の割増賃金率は、①は2割5分以上（月60時間超は5割)、②は3割5分以上、③は2割5分以上とされています。

また、時間外労働が1カ月60時間を超えた場合にその超えた部分の時間については５割以上と定めています（令和５年３月31日まで中小事業主は適用が猶予）。また、労使協定をすれば、引上げ分の割増賃金の支払いに替えて代替休暇を与えることができます。

つまり、①に関していえば、割増賃金の支払いが必要なのは、具体的には、１日８時間を超えて働かせた場合と、１週40時間（特例措置対象事業場は44時間）を超えて働かせた場合です。

したがって、たとえば、１日の所定労働時間が８時間で、週40時間労働制が適用される事業場の場合は、①１日８時間を超えて働かせた部分、②①の時間を除いた週の実労働時間のうち、40時間を超えた部分が割増賃金の支払いが必要な法定の時間外労働時間となります。

また、就業規則などで法定労働時間に達しない労働時間を定めている場合、たとえば、１日７時間労働の場合には、その所定労働時間を超えて労働させても、法定労働時間を超えていない限り、割増賃金を支払う必要はありません。しかし、その時間については、「原則として通常の労働時間の賃金を支払わなければならない。但し、労働協約、就業規則等によつて、その１時間に対し別に定められた賃金額がある場合にはその別に定められた賃金額で差し支えない」（昭23・11・４　基発第1592号）とされています。

さて、ご質問では、停電のため終業時刻を１時間繰り下げて作業をしたということですが、この繰り下げた１時間について割増賃金が必要なのかどうかということです。

このケースについて、行政解釈では、「就業中の停電又は屋外労働における降雨降雪等により作業を一時中止して自由に休憩せしめ、送電又は天候の回復をまつて作業を続開し、停電又は降雨、降雪で休憩せしめた時間だけ終業時刻を繰り下げた場合（就業規則にはこの場合について予め何等別段の定めがないものとする）」は、「その労働時間が前後通算して１日８時間又は週の法定労働時間以内の場合には割増賃金の支給を要しない」（昭22・12・26 基発第573号、昭33・２・13 基発第90号）としています。

したがって、ご質問の場合についても、労働時間中に休憩時間を与えることにより実質の労働時間が８時間であって、１日の法定労働時間を超えてはいませんから、ほかの日に時間外労働を行うようなことがない限り、週の法定労働時間を超えることがないため、繰り下げた１時間について割増賃金を支払う義務はないということになります。ただし、実質の労働時間が８時間を超えた場合には、法定労働時間を超えるわけですから、当然割増賃金を支払わなければならないこととなります。

パートと正社員間で所定労働時間に違い 同一労働同一賃金からみて割増賃金率の差異は

Q 46　当社の所定労働時間は、正社員は1日7時間30分、パートタイマーは1日4～7時間となっています。時間外労働の割増賃金率は、正社員（月給制）については計算の煩雑さ回避のため、所定労働時間を超える時間はすべて2割5分増しで支払っています。一方、パートタイマー（時間給制）は、同じく賃金計算の簡便さから1日8時間を超える時間から2割5分増しとしています。

当社のような運用は、パートの職務の内容や責任の度合いなどによっては、パート法あるいは同一労働同一賃金の点から、問題があるのでしょうか。　〔神奈川・K社〕

A　**同一の所定時間外労働の割賃に関する待遇格差は不合理に**

〔弁護士・新弘江（光樹法律会計事務所）〕

正社員の所定労働時間を超えて同一の時間外労働を行なったパートタイマーに対し、割増賃金を支給していない場合、パートタイム労働法上も不合理な取扱いとされ、同一労働同一賃金の観点からも問題です。

1　パートタイム労働法上の問題点

(1)　短時間労働者の待遇の原則規定

平成27年4月施行の改正パートタイム労働法では、有期・無期契約労働者間の不合理な労働条件の相違を禁止する平成24年改正の労働契約法20条と平仄を合わせて、フルタイム・パートタイム労働者間の労働条件の相違に関する原則規定が新設されています（同法８条）。同条は、同法９条以下の各則規定により捉えきれない待遇上の格差がある場合に、当該待遇の格差が通常の労働者の待遇と比較して、同法８条の趣旨から法的に無効にすべき程度に不公正であると認められる場合には、「不合理と認められる」と評価するものです。

なお、働き方改革関連法が平成30年６月29日に成立したことにより、パートタイム労働者法が、「短時間（パート）労働法及び有期雇用労働者の双方について雇用管理の改善と均衡・均等待遇の確保を図るための短時間・有期雇用労働者法（「短時間・有期雇用労働者法」）」に改正されました。そして、「不合理な待遇の禁止」が８条に、「通常の労働者と同視すべき短時間・有期雇用労働者に対する差別的取扱いの禁止」が９条に、「賃金の決定方法」が10条に規定されています。

⑵　短時間労働者の待遇の各則

ア　改正法９条では、当該事業所の通常の労働者と比較し、①職務内容が同一であり、且つ②職務内容と配置の変更範囲が雇用の全期間にわたって同一である短時間労働者を「通常の労働者と同視すべき短時間労働者」として、賃金、教育訓練の実施、福利厚生施設の利用その他の待遇について、差別的取扱いを禁止しています。

イ　同法10条では、通常の労働者と同視すべき短時間労働者以外の短時間労働者について、通常の労働者との均衡を考慮しつつ、職務の内容、職務の成果、意欲、能力又は経験等を勘案し、職務関連賃金を決定するよう事業主に努力義務を課しています。かかる努力義務の懈怠が直ちに私法上違法と評価されるわけではありませんが、同法８条の原則的規定の趣旨に反し、通常労働者に比して、法的に否認すべき内容及び程度で不公正に低い場合には、待遇格差が不合理と評価されることになります。

⑶　本件のパートタイマーについて

ア　前述⑵アの場合、①通常の労働者と職務内容が業務の種類が同一である場合に、中核的業務が実質的に同一か検討し、これが同一と判断された場合には、責任の程度、権限の種類、業務の成果への期待度等が同一か比較します。次に②通常の労働者と職務内容が同一となってから雇用関係が終了するまでの全期間にわたり、転勤、その他職務内容の変更・配置換えが同範囲かを比較します。その上で、①が同一であり、②が同範囲と判断された場合には、所定時間外労働の計算について、通常の労働者に適用する割増率を短時間労働者に適用しない差別的取扱いは許されないことになります。

イ　前述⑵イの場合、法は、事業主に対し、職務関連賃金に対する均等待遇の努力義務を課しており、そこで、行政指導（報告徴取、助言・指導、勧告）が行なわれますが、公表措置の対象ではなく（同法18条）、努力義務の懈怠をもって直ちに私法上の責任を問われるわけではありません。もっとも、本件のパートタイマーは正社員と比較して所定労働時間が短いため、パートタイマーの所定労働時間の範囲内（4時間から7時間）において、割増賃金が付かないのであればともかく、正社員の所定労働時間を超えて同一の時間外労働を行なったにもかかわらず、「賃金計算の簡便さ」という事情だけで7時間30分を超える部分について賃金格差を設けることを合理化する事情は認められないため、同法8条の趣旨に反するといわざるを得ないと考えられます。

2　同一労働同一賃金ガイドライン

平成30年12月28日に公布され、平成32年4月1日（中小事業主は平成33年4月1日から）適用されている同一労働同一賃金ガイドライン厚生労働省告示第430号「短時間・有期雇用労働者及び派遣労働者に対する不合理な待遇の禁止等に関する指針」の、「第3短時間・有期雇用労働者　3手当（5）時間外労働に対して支給される手当」については、「通常の労働者の所定労働時間を超えて、通常の労働者と同一の時間外労働を行った短時間・有期雇用労働者には、通常の労働者の所定労働時間を超えた時間につき、通常の労働者と同一の割増率等で、時間外労働に対して支給される手当を支給しなければならない。」と示されています。

月決め手当のあるパートの割増賃金の時間単価は時給でよいか

Q47　時間外労働の割増賃金を計算する場合の時間単価の計算方法についておたずねします。

当社では、時給制のパートタイマーと日給制のアルバイトがおります。パートタイマーについては、基本的には時給なのですが、月決めの精勤手当（1万円）を支給しております。この場合の割増賃金の時間単価は時給としてよいのでしょうか。

また、アルバイトは月曜日から金曜日までが6時間勤務、土曜日が3時間勤務となっておりますが、賃金は一律6,000円としております。この場合は、6,000円を6時間で除した1,000円を時間単価としてよいのでしょうか。

A　手当の単価を月給制の計算式で出した額を加算

ご質問のパートタイマーの場合の割増賃金の計算方法についてみてみることにしましょう。

パートタイマーの賃金は時給プラス月決めの精勤手当ということですので、時給のみを時間単価とするわけにはいかず、月決めで支給している精勤手当も含めて計算しなければなりません。割増賃金の算定基礎となる時間単位は、労働基準法第37条とそれに基づく同法施行規則第19条に定められています。

時給のほか月決め手当があるパートの割増賃金は、時給に
月給制の計算式で算出した月決め手当の単価額を加算する

それでは、月決めで支給している精勤手当を時間単価にする計算方法ですが、これは、月ごとに支払われている賃金ですので、月給制の計算方法と同じということになります。具体的には、毎月の所定労働時間数が決まっている場合には、精勤手当の１万円をその時間で除した額になり、月によって所定労働時間数が異なる場合には、１年間における１カ月平均所定労働時間数で除したものが時間単価となります。

したがって、貴社のパートタイマーの時給が800円で、１年間における１カ月平均所定労働時間数が50時間と仮定すると、時間単価は、

1,000 × 1.25 ＝ 1,250

となり、このパートタイマーには、時間外労働１時間当たり1,250円（1,000円×1.25）を支払わなければならないことになります。

つぎに、アルバイトの場合の計算方法についてみてみましょう。

アルバイトは日給制ということですので、日給制の場合の時間単価の計算方法についてみると、

① 日によって定められた賃金については、その金額を１日の所定労働時間数で除した金額
② 日によって所定労働時間数が異なる場合は、１週間における１日平均所定労働時間数で除した金額

とされています。

ご質問では、単純に6,000円を６時間勤務で除した額を時間単価としてよいかということですが、土曜日の３時間勤務も時間単価の計算に加えなければなりません。したがって、貴社のアルバイトは、日によって所定労働時間数が異なりますから、日によって定められた賃金を１週間における１日平均所定労働時間数で除した金額が時間単価ということになり、計算式はつぎのようになります。

$$\frac{6\text{時間} \times 5\text{日} + 3\text{時間} \times 1\text{日}}{6\text{日}} = 5.5\text{時間}$$

$6{,}000 \div 5.5 \fallingdotseq 1{,}091$

$1{,}091 \times 1.25 = 1{,}364$

よって、アルバイトの割増賃金の時間単価は1,091円ということになります。

１年単位の変形労働時間制の時間外割増賃金の支払い時期は

Q48 当社では、来年から１年単位の変形労働時間制を採用することを検討しております。

そこで、おたずねしたいのですが、１年単位の変形労働時間制を実施した場合には、年間を平均して週40時間を超える労働が時間外労働となるので、割増賃金の支払いも、当該年度が終了するまでは時間外労働となるか否かがわかりません。この場合には、当該年度の終了月の賃金と一緒に割増賃金を支払う方法で問題はないでしょうか。

A **変形期間を通じての時間外労働は変形期間終了直後の賃金支払日でよい**

１年単位の変形労働時間制を採用した場合に時間外労働となるのは、つぎの時間です（平６・１・４ 基発第１号、平９・３・25 基発第195号）。

① １日について、労使協定により８時間を超える労働時間を定めた日はその時間を超えて、それ以外の日は８時間を超えて労働させた時間

② １週間については、労使協定により40時間を超える労働時間を定めた週はその時間を超えて、それ以外の週は40時間を超えて労働させた時間（①で時間外労働となる時間を除く）

③ 変形期間の全期間については、変形期間における法定労働

時間の総枠を超えて労働させた時間（①または②で時間外労働となる時間を除く）

さて、ご質問の件ですが、変形期間を通じた法定労働時間の総枠を超える労働時間に係る割増賃金については、一般的に変形期間終了時点で初めて確定するものであり、その部分については、変形期間終了直後の賃金支払期日に支払えば足ります。

ただし、たとえば、変形期間終了1カ月前に法定労働時間の総枠を超えた場合については、この限りではありません。

ちなみに変形期間終了時に確定する割増賃金については、当該変形期間終了直後の賃金支払期日が時効の起算日になります（平6・5・31 基発第330号、平9・3・25 基発第195号）。

なお、①、②で時間外労働となる時間に対する割増賃金については、各期の時間外労働が確定した後の最初の賃金締切日後の賃金支払期日に支払わなければなりません。

この1年単位の変形労働時間制は主として休日増を図るため、年間単位の休日管理を前提に変形期間を最長1年まで延長したものであり、時間外労働をなくすことにより全体としての労働時間を短縮するという本来の目的をもっており、突発的なものを除き恒常的な時間外労働はないことが前提とされております。

したがって、この制度を採用した場合には、極力時間外労働がないようにすることが必要であり、時間外労働に関する協定締結の際にもこの点を十分考慮することが望まれます。

なお、1年単位の変形労働時間制を導入するに際しては、労使協定や労働基準法施行規則第12条の4において各種の限度等が設けられていますので、それらを遵守のうえ、適正な制度の運用を図っていただく必要があります。

裁量労働制適用者
深夜に勤務の場合　割増賃金は

Q49　当社では、研究開発部門の労働者について、みなし時間を1日8時間30分とする専門業務型裁量労働制を導入しています。これまで、制度適用者について、深夜労働が発生したことはないのですが、適用者が深夜業の時間帯に勤務した場合には、別途、深夜業の割増賃金が必要になるのでしょうか。

　また、裁量労働制では、業務遂行の方法や時間配分を労働者の裁量に委ねることになりますが、深夜業や休日労働を制度上で禁止あるいは制限することは可能でしょうか。

〔東京・H社〕

A　深夜労働で行った場合には
深夜割増賃金の支払が必要

〔弁護士・新弘江（光樹法律会計事務所）〕

　裁量労働の適用者が深夜勤務した場合、別途、深夜割増賃金の支払が必要。また、健康確保の観点から、個別に裁量労働の適用対象者から外す等の措置も考えられます。

1　専門業務型裁量労働制の類型について

　裁量労働制とは、業務の性質上その遂行の方法を大幅に労働者の裁量に委ねる必要があるため、遂行手段や時間配分の決定等に関して使用者が具体的な指示をすることが困難な業務、または具体的な指示をしないこととする業務について、労使協定等で定めた時間を労働したものとみなす制度です。

専門業務型裁量労働制（労基法38条の３）の対象は、以下の19の業務です（労基法施行規則24条の２の２第２項、平成9.2.14労告７）。①新商品若しくは新技術の研究開発又は人文科学若しくは自然科学に関する研究の業務、②情報処理システム（電子計算機を使用して行なう情報処理を目的として複数の要素が組み合わされた体系であってプログラムの設計の基本となるもの）の分析又は設計の業務、③新聞若しくは出版の事業に於ける記事の取材若しくは編集の業務又は放送法２条28号に規定する放送番組の制作のための取材若しくは編集の業務、④衣服、室内装飾、工業製品、広告等の新たなデザインの考案の業務、⑤放送番組、映画の制作の事業におけるプロデューサー又はディレクターの業務、⑥コピーライターの業務、⑦システムコンサルタントの業務、⑧いわゆるインテリアコーディネーターの業務、⑨ゲームソフトウェア創作の業務、⑩証券アナリストの業務、⑪金融工学等の知識を用いて行なう金融商品の開発の業務、⑫学校教育法に指定する大学における教授研究の業務（主に研究従事に限定)、⑬公認会計士の業務、⑭弁護士の業務、⑮建築士の業務、⑯不動産鑑定士の業務、⑰弁理士の業務、⑱税理士の業務、⑲中小企業診断士の業務。本件は、①に該当します。

２　業務遂行と時間配分の方法について

専門職務型裁量労働制の導入要件は、①対象業務、②みなし労働時間、③対象業務の遂行手段、時間配分決定等に関し、使用者が具体的な指示をしないこと、④労働時間の状況に応じて実施する健康・福祉確保措置、⑤苦情処理措置、⑥協定の有効期間（3年以内が推奨）⑦上記④⑤に関して、労働者毎に講じた措置の記録を協定有効期間中及びその後3年間保管することを協定し、労基署への届出が必要です。

なお、労使委員会の決定を上記労使協定に代えることができるとされています（労基署届出不要）。

3　深夜労働の取扱いについて

裁量労働制の場合であっても、休憩・深夜・休日に関する規定の適用は排除されません（昭63・3・14 基発第150号、平12・1・1 基発第1号）。

①　まず、裁量労働制の場合であっても、休憩時間と休憩の一斉付与、休憩の自由利用（労基法34条）の規定は適用されます。休憩を一斉付与が不要となるのは、業種として適用除外の場合と、労使協定締結の場合のみです。

②　次に、深夜時間帯の労働に関する割増賃金の適用は除外されません。例えば、午後10時から午後12時までの間勤務した場合、この2時間は深夜労働分の割増賃金の支払が必要となります。1日の労働時間自体は、みなし労働時間とされていますので、深夜の実労働時間に対する割増部分のみを支払うことになります。

③　さらに、休日の労働については、法定休日（労基法35条）の場合、労働時間をみなすことができないため、実労働時間で算定し、休日割増賃金を加算することになります。所定休日の

場合は、みなし労働時間で算定することは可能ですが、労使協定等に根拠を置くべきです。

4　深夜・休日労働の禁止・制限について

平成31年4月1日施行の改正労働安全衛生法66条の8の3では、医師による面接指導に関し労働時間の把握義務が新設されました。

①1か月当り80時間超の時間外・休日労働を行い、かつ申出のあった労働者を対象とする面接指導（同法66条の8）、②新技術等の研究開発業務に従事し1か月当り100時間を超える時間外・休日労働を行った労働者を対象とする面接指導（同法66条の8の2）——の要件となる労働時間数の把握義務を定めています。把握方法については、タイムカードによる記録、パーソナルコンピューター等の電子計算機の使用時間の記録等の客観的な方法その他適切な方法によることとされています（労働安全衛生規則52条の7の3）。事業者は、裁量労働制の対象労働者に対しても健康確保上労働時間を把握し、労働者の申出に基づき（②の場合は申出がなくても）分析し、医師による面接指導等を行ない、医師の意見を勘案して、必要に応じて、深夜・休日労働の見直しや、場合によっては、裁量労働の適用対象者から外す等の措置を執ることになります。

裁量制の社員が秋の連休中の時間外申告 時間外手当必要か

Q 50　当社では、今年４月から、Ｋ部門の専門職に専門業務型裁量労働制を導入しました。所定時間は８時間で、みなし労働時間は９時間としています。

ところが、秋の連休後に、専門業務型裁量労働制の社員Ａから、秋の連休中（所定休日３日分）に出勤した分について、20時間の時間外労働の申告がありました。

裁量労働制の対象者には、みなし時間と別には時間外労働時間が生じない旨を説明していましたが、Ａは、「みなし時間は所定労働日のみ適用され、所定休日に働いた分は手当が支払われるべきだ」と言うのです。なお、Ｋ部門では、裁量労働制なので、事前の残業申請を求めてはいませんでした。

Ａの言うとおり、法定・法定外を問わず休日については、裁量労働制の対象者であっても、実労働時間で計算しなければならないのでしょうか。もし、そうだとすると、三六協定の締結の仕方も教えてください。　〔神奈川・Ｇ社〕

A　**法定休日割増（35％）の規定は排除されない**

〔弁護士・新弘江（光樹法律会計事務所）〕

所定休日の場合はみなし労働時間の適用を認める規定がない以上、実労働時間を基に賃金を算定します。

1　専門業務型裁量労働制について

専門業務型裁量労働制とは、業務の性質上、その遂行方法を大幅に当該業務に従事する労働者の判断に委ね、当該業務の遂行の手段及び時間配分の決定に関して使用者が具体的な指示をすることが困難な業務として省令で定める業務につき、事業場の労使協定により、実際の労働時間にかかわらず、一定の労働時間数だけ労働したものとみなす制度です（労基法38条の３）。

⑴　対象業務

省令により対象業務が限定されています（労基則24条の２の２第２項 平成９労告７、平成12労告120、平成14厚労告22、平成15厚労告354）。具体的には、①新商品若しくは新技術の研究開発又は人文科学若しくは自然科学に関する研究の業務、②情報処理システムの分析又は設計の業務、③新聞若しくは出版の事業における記事の取材若しくは編集の業務又は放送番組の制作のための取材もしくは編集の業務、④衣服・室内装飾・工業製品・広告等の新たなデザインの考案の業務、⑤放送番組・映画等の制作の事業におけるプロデューサー又はディレクターの業務、⑥コピーライターの業務、⑦システムコンサルタントの業務、⑧インテリアコーディネーターの業務、⑨ゲーム用ソフトウェアの創作の業務、⑩証券アナリストの業務、⑪金融工学等の知識を用いて行う金融商品の開発の業務、⑫学校教育法に規定する大学における教授研究の業務、⑬公認会計士の業務、⑭弁護士の業務、⑮建築士（一級建築士、二級建築士及び木造建築士）の業務、⑯不動産鑑定士の業務、⑰弁理士の業務、⑱

税理士の業務、⑲中小企業診断士の業務です。

⑵　労使協定で定める事項

専門業務型裁量労働制を採用する事業場毎に労使協定で、①対象業務、②１日のみなし労働時間、③対象業務の遂行手段及び時間配分等に関し、使用者が具体的指示をしないこと、④対象労働者の健康及び福祉を確保するための措置を講ずること（労働者の労働時間の状況の把握）、⑤対象労働者からの苦情に関する措置を使用者が講ずること、⑥有効期間の定め（３年以内が望ましい。平成15.10.23基発1022001）を定めます。なお、労使協定は所轄の労働基準監督署長に届け出なければなりません（労基法38条の３第２項）。

２　裁量労働制と時間外・深夜・休日労働割増賃金

裁量労働制においても、休憩（労基法34条）、時間外・休日労働（同36条、27条）、深夜業（同37条）の法規制は及びます（昭63・３・14 基発第150号、平12・１・１ 基発第10号）。みなし労働時間数が法定労働時間数を超える場合には、三六協定の締結・届出と割増賃金の支払が必要です。所定休日・法定休日・深夜に出勤する必要があるのであれば事前に許可を得る定めを置くべきです。

⑴　本件では、みなし労働時間が８時間＋「１時間の時間外労働」ですので、労基法上１時間分の割増賃金（２割５分）を支払う必要があります。

⑵　深夜時間帯における労働については、深夜業の法規制は除外していないため、実際の労働時間に応じた深夜割増賃金（25％）

の支払が必要となります。

⑶　法定休日における労働についても、休日労働の法規制を除外していないため、実際の労働時間に応じた休日労働割増賃金（35％）の支払が必要となります。

⑷　所定休日に労働させる場合

①　所定休日の労働について、労使協定等にみなし労働時間を適用する旨の定めがない場合には、所定休日については実際の労働時間を算定することになります。

②　これに対して、労使協定に、所定休日にみなし労働時間を定めた場合には、所定休日労働にみなし時間分の賃金が発生します。この場合、他の労働時間と合計した週の労働時間が法定労働時間（40時間）を超える場合、超えた時間は、時間外労働となり、時間外労働割増賃金の支払が必要となります。

３　本件について

前記２⑷②の労使協定の例です。

⑴「裁量労働適用者が所定休日に勤務した場合には、就業規則の定めに拘わらず、１日○時間勤務したものとみなす。」

⑵「裁量労働適用者が、所定休日に勤務する場合には、休日労働に関する協定の範囲内で事前に所属長に申請し、許可を得なければならない。所属長の許可を得た場合、裁量労働適用者の休日労働に関しては、賃金規程第○条の定めるところにより割増賃金を支払う。」

年俸制労働者の割増賃金、賞与を含めて算定か

Q51　当社では、来年１月から、年俸制を導入する予定にしており、現在、具体的な検討を行っているところです。

現在検討しているのは、年末に翌年の年俸額を決定し、その年俸の17分の１を毎月支給し、17分の２を夏季賞与として、17分の３を年末賞与として支給するという方法です。

そこで、おたずねしたいのですが、このような方法をとった場合、割増賃金算定の基礎となる賃金は、賞与分も含めることになると聞いたのですが、実際のところどうなのでしょうか。

A　確定している賞与なら算定基礎給に含める

労働基準法第37条では、使用者が労働者に対し、時間外労働や休日労働などをさせた場合には割増賃金を支払わなければならないと定めています。

この場合の割増賃金単価の算定基礎となる時間単価については、時給、日給、月給などによって、それぞれ計算方法が定められており、たとえば、月給制の場合、月給額を月の所定労働時間数（月によって時間数が異なる場合は１年平均の所定労働

時間数）で除した額ということになります（同法施行規則第19条）。

ただし、同法第37条第５項では、「割増賃金の基礎となる賃金には、家族手当、通勤手当その他厚生労働省令で定める賃金は算入しない」としています。

ご質問では、年俸制の場合の年２回の賞与に充当する額を割増賃金算定の基礎から除外できるのかどうかということです。

通常、年２回の賞与は、厚生労働省令で定める１カ月を超える期間ごとに支払われる賃金に該当すると考えられ、割増賃金算定の基礎から除外することができるのですが、年俸制の場合には、若干解釈が異なってきます。

というのは、賞与とは、定期的または臨時的に、原則として労働者の勤務成績に応じて支給されるものであって、その支給額があらかじめ確定されていないものをいい、定期的に支給され、かつ、その支給額が確定しているものは、名称の如何にかかわらず、これを賞与とみなさないとされるからです（昭22・９・13 発基第17号）。

さらに、別の通達でも、「……年俸制で毎月払い部分と賞与部分を合計して予め年俸額が確定している場合の賞与部分は、上記「賞与」に該当しない。したがって、賞与部分を含めて当該確定した年俸額を算定の基礎として割増賃金を支払う必要がある」としています（平12・３・８ 基収第78号）。

また、賞与部分が確定している場合については、「決定された年俸額の12分の１を月における所定労働時間数（月によって異なる場合には、１年間における１カ月平均所定労働時間数）で除した金額を基礎額とした割増賃金の支払いを要し、就業規則で定めた計算方法による支払額では不足するときは、労働基準法第37条違反として取り扱うこととする」としています。

つまり、仮に年俸が850万円で、毎月の給与がその年俸の17分の１の50万円、夏季賞与が17分の２の100万円、年末賞与が17分の３の150万円と確定しており、月の所定労働時間数が160時間の場合の割増賃金単価は、

850万円 ÷ 12 ÷ 160（時間）＝ 4,427.0833…… ≒ 4,428円

となります。

したがって、貴社の場合も、決定した年俸額の17分の１を割増賃金算定の基礎とするのではなく、前述のように12分の１を割増賃金算定の基礎としなければなりません。

なお、年俸制の場合には、すべて割増賃金算定の基礎に賞与も含めて計算しなければならないというわけではなく、たとえば、月給部分のみを年俸制にして、賞与については、別途、勤務成績などを考慮して決定するという方法をとるなどすれば、賞与は割増賃金算定の基礎から除外することができます。

年俸制で割増賃金を含め支給、さらに支払う義務あるのか

Q52 割増賃金の支払いに関しておたずねします。

先日、当社の従業員Aが、年俸制の労働者でも、時間外労働や休日労働などの割増賃金の支払いは必要なのではないかといってきました。

当社としては、割増賃金分も含めて年俸を決定しているため、割増賃金の支払いは必要ないと考えているのですが、実際のところはどうなのでしょうか。よろしくご教示ください。

A　割増額が明確でなければ別途支払い必要

労働基準法第37条では、使用者が労働者に対し、時間外労働や休日労働を行わせた場合には、割増賃金を支払わなければならないとされています。

そのため、年俸制の労働者であっても、時間外労働や休日労働を行った場合には、割増賃金を支払わなければなりません。というのは、一般に賃金は所定労働時間労働した場合の対償として支払われるのが通例であり、この点は年俸制も同じだからです。したがって、年俸制というだけでは、割増賃金相当分があらかじめ含まれているという考え方にはなりません。

しかしながら、割増賃金相当分も含めて年俸額を決定するこ

とができないわけではありません。

このことについて行政解釈では、「一般的には、年俸に時間外労働等の割増賃金が含まれていることが労働契約の内容であることが明らかであって、割増賃金相当部分と通常の労働時間に対応する賃金部分とに区別することができ、かつ、割増賃金相当部分が法定の割増賃金額以上支払われている場合は労働基準法第37条に違反しないと解される」とされています（平12・３・８　基収第78号）。

つまり、就業規則や労働協約で、年俸額に割増賃金相当分が含まれていることが明確に規定されていれば、割増賃金相当分が支払われているとみることができるわけです。

年俸額に割増賃金相当分を含めることを就業規則などに規定する場合には、月ごとの割増賃金相当分がいくらになっているのかを明確に規定していれば、割増賃金相当分も年俸額に含まれているとみることができるわけです。なぜなら、賃金の支払いについては全額払いが原則であるため、月ごとに支払われている割増賃金相当分がいくらになっているのかが明確になっていなければならないからです。

たとえば、ある月に時間外労働を40時間した場合、その月の割増賃金相当分が30時間分となっている場合には、残りの10時間分を支払えば問題ありませんが、時間外労働相当分がいくらになっているのかが明確になっていなければ、40時間分の割増賃金の支払いが必要になります。

また、月の割増賃金相当分を30時間分（年間360時間分）としている場合に、ある月の時間外労働が40時間になった場合には、年間でみて時間外労働が360時間以内であっても、その月については、別途10時間分の割増賃金の支払いが必要になります。

これについては、前記行政解釈でも、年間の割増賃金相当額を各月均等に支払うこととしている場合において、各月ごとに支払われている割増賃金相当額が、各月の時間外労働等の時間数に基づいて計算された割増賃金額に満たない場合には、同法第37条違反になるとされています。

また、年俸額のうち、割増賃金分が明確になっていない場合ですが、この場合、会社が年俸額に割増賃金分を含めていると主張しても、その根拠がないわけですから、時間外労働などの割増賃金は、年俸額とは別に支払わなければなりません。

行政解釈でも、「年俸に割増賃金を含むとしていても、割増賃金相当額がどれほどになるのかが不明であるような場合及び労使双方の認識が一致しているとは言い難い場合については、労働基準法第37条違反として取り扱うこととする」とされています（前掲解釈)。

年休日に出勤した場合の割増賃金どうなる

Q53　先日、社内でトラブルが発生し、年次有給休暇の取得届をすでに提出していた労働者に対し、取得予定日の前日に急遽出勤を依頼し、実際に出勤してもらいました。

このような場合、当日を休日労働として考え、休日労働に対する割増賃金を支払うべきなのでしょうか。

A　休日労働には当たらず通常の賃金額でよい

年次有給休暇は、労働者の請求により取得できるもので、賃金の減額を伴わず労働義務がある日の労働が免除されるものです。したがって、所定休日など労働義務が課されていない日については取得を申し出ることはできません。

ご質問のケースは、労働者が会社の依頼を受け、年休の取得予定を変更して出勤したものとみなすことができます。

このような場合、年休取得予定日は通常の労働日であり、休日に労働をしたわけではありませんので、休日労働として割増賃金を支払う必要はありません。

確かに、労働者にとって年休の取得日は休日と同等のものですが、もともとは労働日であり、たまたま労働者が年休を取得して休んでいるだけです。

したがって、年休予定日に出勤したとしても、通常の労働日に出勤したことになり、休日労働とはならず、割増賃金の支払いは必要ありません。

なお、年休は、労働者が請求した時季に与えなければなりません。ただし、「事業の正常な運営を妨げる」場合には、時季変更権に基づき使用者は、年休の取得日を他の日に変更することができます。

正常な運営を妨げるか否かは、代替要員の確保の難易度等で総合的に判断されることになります。

ご質問のケースの場合は、時季変更権の行使ではなく、合意による年休日の変更と考えられます。

したがって、その日は年休を取得したことにはならず、労働者は別の日にその分の年休を請求することができます。

代休与えれば割増賃金必要ないのか

Q54　従業員60人ほどで結婚式場を営んでいるのですが、休日出勤と割増賃金についておたずねします。当社の休日は、就業規則で毎週木曜日（所定労働時間は1日7時間、水曜日は1日5時間）と定められていますが、来月から月に1回程度木曜日にパーティーの仕事を引き受けることになりました。

そうしますと、他の日に休日を与えなければならないわけですが、代休を与えれば休日労働としての割増賃金は必要ないと考えてよろしいのでしょうか。

A　代休を与えたとしても割増賃金必要

結論を申し上げますと、ご質問の場合、代休を与えたからといって割増賃金の支払いを免れることはできません。

代休といいますのは、休日労働があった場合等に使用者が便宜上特定の労働日の労働義務を免除する措置です。つまり、単に代休を与えたからといって、本来休日である日に労働させたという休日労働の事実は消えませんから、少なくとも3割5分増しの割増賃金を支払われない限り、労働基準法第37条違反となります。また、休日労働に関する労使協定の締結と労働基準監督署長への届出がなければ、そもそも休日労働を行わせるこ

休日労働を行い代休を与えたとしても、休日労働を
行った事実は変わらず割増賃金を支払う義務がある

ともできません。

これらは、すべて木曜日が同法第35条に規定する１週１回あるいは４週４回の法定休日であることから種々の規制がかかってくるわけで、もともとパーティーの仕事が入る週の木曜日については事前に仕事の入ることがわかっているのですから、休日とせず所定労働日とすれば問題は生じないわけです。休日は、一般には「毎週日曜日」などとされるように一定の期日で特定されているのが普通ですが、法律上は４週で４日以上の変形休日制が可能ですから、パーティーの入る週については木曜日を休日とせず、水曜日とか火曜日とか他の日を充てて差し支えないわけですし、場合によってはその週については休日を付与せず、４週４日の枠内で前週もしくは翌週に２日の休日を置くと

いうことも可能です。

あるいは、振替休日の措置をとるのも一方法といえるでしょう。これは、本来の休日を毎週木曜日としておき、パーティーが入った週については事前に休日を他の日に振り替えてしまうという措置です。つまり、こうしておけば、この週の木曜日は休日ではなく所定労働日となるわけですから、休日労働の問題は生じません。

ただし、この場合はあらかじめ就業規則で、たとえば「会社は、業務の都合でやむを得ない場合は、第○○条の休日を同一週内の他の日と振り替えることがある。この場合、前日までに振り替えによる休日を指定して本人に通知する」などの規定を置いておく必要があります。

ここでは、同一週内に振り替えるとしていますが、前述のように４週４日の枠内で振り替えることも可能です。ただ、振り替えた休日を前週以前か翌週以降に置く場合は、休日のない週の労働時間が変わってきますので注意が必要です。

すなわち、休日について規定している労働基準法第35条には抵触はしませんが、労働時間について規定する同法第32条、さらには時間外労働の割増賃金について規定する同法第37条に違反する可能性があるからです。

具体的にご説明しますと、貴社の週の所定労働時間は40時間となっていて、通常の場合は週40時間とする法定労働時間の枠内に収まっていますので問題はありませんが、パーティーを引き受ける週は振り替えるべき休日を翌週以降に置くこととしますと、この週の労働時間が仮に労働日とした木曜日の労働時間を７時間とした場合は合計で47時間となり、週の法定労働時間である40時間を超えることになるからです。

つまり、この場合の40時間を超える７時間は、時間外労働ということになるわけです。したがって、この場合は過半数労働組合あるいは従業員の過半数を代表する者と書面による協定（三六協定）を締結されてこれを所轄の労働基準監督署長へ届け出ることと、週の法定労働時間の40時間を超える７時間について割増賃金を支払われない限り、法違反は免れません。

また、満18歳未満の年少者については時間外労働そのものが禁止されています（同法第60条）。

なお、つけ加えますと、同法第32条の２による１カ月単位の変形労働時間制を採用されれば、１カ月平均１週40時間以内であれば特定の週に法定労働時間を超えて労働させることができます。ただし、週休制の原則に立ち、当該週は木曜日以外の日を休日として就業規則に特定することが望ましいでしょう。

従業員に支給する昼食代は割増賃金の算定基礎賃金か

Q55　割増賃金の算定基礎についてお聞きします。当社では、労働組合との協定によって、出勤した者に対して、昼食代として650円支給することと定めています。この昼食代については、賃金として割増賃金の算定基礎に含めなければならないのでしょうか。

また、昼食を現物で支給するとしたら、福利厚生費として取り扱い、割増賃金の算定基礎に含めなくてもよいのでしょうか。

A　**明確な労働条件ならば割増賃金の算定基礎に算入するべき**

まず、ご質問前段の昼食代を現金で支給した場合についてみてみましょう。このような昼食代を現金で支給している場合及び昼食料補助として現金を支給している場合については、労働協約や就業規則などの定めの有無にかかわらず、これらは労働基準法第11条の賃金として取り扱わなければなりません（昭26・12・27 基収第6126号）。

そして、これらの賃金は、「通常の労働時間または労働日の賃金」に該当しますので、同法第37条により、割増賃金の算定基礎に含めなければなりません。

つぎに、昼食を現物で支給した場合についてみてみましょう。

このような場合、食事の現物支給が賃金であるか、それとも労働者の福利厚生とみなされるかが問題となってきます。なぜなら、労働者の福利厚生とみなされるものについては、賃金に該当しませんので、割増賃金の算定基礎に含めなくても問題はないからです。

ご質問のような、食事を供与する場合の福利厚生との関係について、通達は、「食事の供与（労働者が使用者の定める施設に住み込み１日に２食以上支給を受けるような特殊の場合のものを除く）は、その支給のための代金を徴収すると否とを問わず、次の各号の条件を満たす限り、原則として、これを賃金として取扱わず福利厚生として取り扱うこと」としています（昭30・10・10 基発第644号）。

① 食事の供与のために賃金の減額を伴わないこと

② 食事の供与が就業規則、労働協約等に定められ、明確な労働条件の内容となっている場合でないこと

③ 食事の供与による利益の客観的評価額が、社会通念上、僅少なものと認められるものであること

したがって、前掲通達から考えますと、貴社が、昼食代の現金支給と同様に労働協約などで定めるところにより、昼食の現物支給を行うならば、これは②に該当し、明確な労働条件の一部ということになりますので、福利厚生としてではなく、賃金として取り扱わなければならず、割増賃金の算定基礎に含めなければならないということになるでしょう。

社会保険料の８割会社が負担、割増賃金の算定基礎から除外か

Q56　割増賃金の算定基礎となる賃金についておたずねします。

当社では、健康保険料、厚生年金保険料について、本人２割、会社８割負担としており、また、従業員が生命保険会社と生命保険契約を結んだ場合は、保険料の３割相当額を補助しています。

当社としては、これらの措置を福利厚生の一環と考えており、割増賃金の算定基礎となる賃金に含めていないのですが、問題ないでしょうか。

A　社保料の折半超える会社負担分は算定基礎に算入

ご質問は、会社が、①労使折半負担を超えて社会保険料の負担を行った場合、②生命保険の保険料について補助を行った場合に、それらが割増賃金の算定基礎となる賃金に算入すべきか否かということです。

労働基準法では、割増賃金の算定基礎となる賃金から除外できる賃金の範囲を限定列挙しています（同法第37条第５項、同法施行規則第21条）。

具体的には、①家族手当、②通勤手当、③別居手当、④子女教育手当、⑤住宅手当、⑥臨時に支払われた賃金、⑦１カ月を

超える期間ごとに支払われる賃金、の７種類の賃金が法定されており、これ以外の賃金はすべて割増賃金の算定基礎となる賃金に含めなければならないからです。

おたずねの労使折半負担を超える社会保険料の会社負担分及び民間の生命保険の保険料に対する補助は、前記の７種類の賃金には該当しません。

したがって、仮に、これらが労働基準法にいう「賃金」に該当するのであれば、貴社は割増賃金の算定に当たり、これらを算定基礎となる賃金に含めて計算しなければならないことになります。

そこで、労使折半負担を超える社会保険料の会社負担分及び民間の生命保険の保険料に対する補助が労働基準法上の「賃金」に該当するのか否かをみてみましょう。

通達は、賃金について、①甚だしく低額なものを除き、物または利益の支給に対して労働者から代金を徴収するもの、②労働者の福利厚生施設とみなされるもの、③労働協約、就業規則、労働契約などによってあらかじめ支給条件が明確になっている場合を除き、結婚祝金、死亡弔慰金、災害見舞金などの恩恵的給付、は賃金とみなさないとしています（昭22・９・13 発基第17号）。

ご質問の労使折半負担を超える社会保険料の会社負担分及び生命保険の保険料に対する補助については、前記②の「労働者の福利厚生施設とみなされるもの」に該当するか否かが問題となりましょう。

この点について通達は、①法令により労働者が負担すべき所得税、健康保険料、厚生年金保険料、雇用保険料などを事業主が労働者に代わって負担する場合は、その負担する部分は賃金とみなされる、②労働者が自己を被保険者として生命保険会社などと任意に保険契約を締結したときに企業が保険料の補助を行う場合は労働者の福利厚生のために使用者が負担するものであるので賃金には該当しない、との解釈を示しています（昭63・3・14 基発第150号）。

したがって、社会保険料については、労使折半負担を超える会社負担分（ご質問の場合は社会保険料の３割相当額）は賃金とみなされ、割増賃金の算定基礎となる賃金に含めなければなりません。

一方、ご質問の生命保険の保険料に対する補助については、「労働者の福利厚生施設とみなされるもの」に該当するため、賃金とはみなされませんから、割増賃金の算定基礎となる賃金に含める必要はありません。

給与に時間外手当を含めて引き上げたが別途割増賃金必要か

Q 57 当社は、出版、市場調査、印刷、映像媒体の企画制作という事業展開を行っている会社です。残業時間は各部によってまちまちですが、全社員時間外手当はありません。以前は支給していたのですが、それを５年前に給与を時間外手当を含まれたものとし引き上げたことにより時間外手当を廃止いたしました。

編集業務に関しては確か時間外手当支給の適用除外と聞いておりますが、他の営業担当や企画制作担当なども同じと考えてよいものなのでしょうか。

A 三六協定の締結及び割増賃金の支払い必要

ご質問によると、貴社は５年前に時間外手当を給与に含めたものとして廃止したということです。この点について詳細がわかりませんが、従来の時間外手当を基本給に繰り込んでしまっているというような場合には、別途時間外労働に対する割増賃金が必要となる場合があります。また、たとえば、時間外手当を一律３万円として給与に含んで支給するという場合でも、業務の都合により時間外労働が増加し、実際に支払うべき割増賃金金額が３万円を超える場合はその差額を支払わなければなりません。

ところで、編集業務に関しては時間外手当支給の適用が除外されるとお考えのようですが、それは誤解です。時間外の割増賃金の適用が除外されるのは、労働基準法第41条に定められている農業・水産業に従事する者、管理監督者、機密の事務を取り扱う者、監視・断続労働に従事する者に限られます。

編集業務についても、1日8時間、1週について40時間を超えて労働させる場合には、三六協定の締結及び割増賃金の支払いが必要となります。

おそらく、ご質問の「編集業務は時間外手当の適用が除外される」というのは専門業務型裁量労働制についていっていることと推測されます。

この裁量労働制についてですが、同法第38条の3第1項は、労使協定により厚生労働省令で定める業務のうち、業務の性質上その遂行の方法を大幅に当該業務に従事する労働者の裁量にゆだねる必要があるため、当該業務の遂行の手段及び時間配分の決定に関し使用者が具体的な指示をすることが困難なものとして厚生労働省令で定める業務に労働者を就かせた場合の労働時間の算定について規定しています。

具体的には、同法施行規則第24条の2の2第2項において、①新商品または新技術の研究開発などの業務、②情報処理システムの分析または設計の業務、③新聞または出版の事業における記事の取材または編集の業務、④デザイナーの業務、⑤放送番組、映画制作のプロデューサーまたはディレクターの業務、⑥その他厚生労働大臣の指定する業務、が掲げられています。

なお、「取材または編集の業務」とは、記事の内容に関する企画及び立案、記事の取材、原稿の作成、割付・レイアウト・内容のチェックなどの業務をいい、たとえば、記者に同行するカメラマンの業務や単なる校正の業務は含まれません。

したがって、編集業務が前記③に該当すれば、裁量労働制の対象とすることができるわけです。

裁量労働制により労働時間を算定する場合には、労使協定において、裁量労働に該当する業務を定め、その業務の遂行に必要とされる時間を定めることが必要です。この協定の締結に際しては1日当たりの時間数を定めることになります。なお、裁量労働制に関する労使協定は、様式第13号により、所轄労働基準監督署長に届け出なければなりません。

このように、裁量労働制について労使協定にその業務に必要な時間を定めた場合は、その業務の労働者は、自らの裁量により、時間配分などを決定して労働することになり、各日の労働時間について相当長短が生じることもありますが、その労働者については、各日の実際の労働時間ではなく、平均的にその業務に必要な時間として労使協定で定められた時間労働したものとみなすことになります。

したがって、編集業務の遂行に必要な時間を1日8時間と協定に定めておけば、出版している書籍の発行直前に、労働者の裁量により特定の日に8時間以上労働した場合であっても、8時間労働したことと取り扱うことができ、割増賃金を支払う必要はありません。

ただし、労使協定には労働時間の状況に応じた健康福祉確保措置や苦情処理に関する措置を定めることが必要です。

3カ月ごとの皆勤手当なら基礎から外せるのか

Q58 当社では、1カ月の無遅刻・無欠勤の従業員に対しては月額5,000円の皆勤手当を支給しており、皆勤手当も割増賃金の算定基礎に算入しています。ところが、1カ月を超える期間の出勤状況によって支給される手当は、割増賃金の算定基礎から除外してもよいと聞きました。

そこで、今後、3カ月の出勤状況によって3カ月ごとに1万5,000円を支給することを考えていますが、このように3カ月ごとの支給にすれば、割増賃金の基礎から除外しても法律上は差し支えないでしょうか。

A 毎月払いの原則を逸脱するのでできない

労働基準法第37条第1項は、時間外労働、休日労働を行わせた場合「通常の労働時間又は労働日の賃金の計算額の2割5分以上5割以下の範囲内でそれぞれ政令で定める率以上（現在、「労働基準法第37条第1項の時間外及び休日の割増賃金に係る率の最低限度を定める政令」で、時間外労働については2割5分以上の率、休日労働については3割5分以上の率とされています）の率で計算した割増賃金を支払わなければならない」と規定しています。

また、その延長して労働させた時間が１カ月について60時間を超えた場合には、その超えた時間の労働については５割以上の率で計算した割増賃金を支払わなければならないと定められています。また、労使協定をすれば、引上分の割増賃金の支払いに代えて、代替休暇（代休）を与えることができます。ただし、この規定は中小事業主（たとえば常時使用する労働者の数が300人以下の事業主）の事業については、令和５年３月31日まで適用猶予となっています。

ところで、「通常の労働時間又は労働日の賃金」の中にも家族手当、通勤手当のように労働と直接的な関係が薄く個人的事情に基づいて支払われる賃金や、１カ月を超える期間ごとに支払われる賃金のように割増賃金の計算をする場合計算技術上の困難を伴う賃金もあります。

このように、通常の労働時間の賃金をすべて割増賃金の基礎とすることは必ずしも妥当でないというところから、同法第37条第５項及び同法施行規則第21条において家族手当、通勤手当、別居手当、子女教育手当、住宅手当、臨時に支払われた賃金、１カ月を超える期間ごとに支払われる賃金は、割増賃金の算定基礎に算入しなくてもよいこととされています。これら７種類の賃金は、単なる例示ではなく制限的に列挙されたものであり、これらに該当しない通常の労働時間の賃金はすべて割増賃金の算定基礎に算入しなければなりません。

貴社で支払われている皆勤手当は通常の労働時間の賃金ですし、除外賃金のいずれにも該当しませんので、割増賃金の算定基礎に算入しなければなりません。

そこでおたずねのように、皆勤手当を３カ月ごとに支払うようにすれば、割増賃金の算定基礎に算入しないでよいかという問題があります。

同法第24条第２項は、賃金の毎月払いの原則を規定していますから、賃金は原則として毎月支払わなければなりません。しかし、例外として同項が規定している賞与、臨時に支払われた賃金及び同法施行規則第８条が掲げるつぎの３種類の賃金はそれに準ずるものとされています。

つまり、

① １カ月を超える期間の出勤成績によって支給される精勤手当
② １カ月を超える一定期間の継続勤務に対して支給される勤続手当
③ １カ月を超える期間にわたる事由によって算定される奨励加給または能率手当

です。

ところで、皆勤手当を３カ月間の出勤状況によって３カ月ごとに支給するようにすれば、１カ月を超える期間ごとに支払われる賃金に該当するようにみえますが、しかし、その前提として賃金の毎月払いに違反しないかが問題となります。これらの除外手当は、１カ月以内の期間では支給額の決定基礎となるべき労働者の勤務成績等を判定するのには短期間過ぎるという事情もあると認められるため、毎月払いの原則を適用しないこととしているのです。今まで1カ月ごとに支給していた皆勤手当を、単に割増賃金の算定基礎から除外する目的で、形の上だけで3カ月ごとの支払いにするのは毎月払いの原則からして許されないものと考えられます。

裁判例においても、それまで毎月支払われていた出勤手当等を2カ月ごとに支払うことに改め、労働協約を締結した事例について、「労働協約は……労基法第37条の適用を回避し、これを潜脱する目的で締結されたものであるから、その効力を有しない。」（日本液体運輸事件 昭58・4・20 東京高判）としたものがあり、割増賃金の差額分の支払いを命じています。

したがって、貴社が考えている皆勤手当の支払方法は、法の趣旨を逸脱するもので、毎月払いの原則に違反しています。このため、皆勤手当は割増賃金の算定基礎に算入しなければならない賃金と考えられます。

住宅手当と家族手当を合わせた生活補給手当
割賃の算定基礎か
また、パート等への不支給は
日本版同一労働同一賃金の観点から問題あるか

Q59 当社には、「生活補給手当」という名称の住宅手当と家族手当を合わせたような手当があります。

この手当は、賃貸住宅の居住者または住宅ローンを有する正社員に対して、月額1万円を支給するものですが、扶養家族がいる場合には、扶養家族1人につき3,000円を上乗せして支給しています。

このような手当は、割増賃金の算定基礎に含まれるのでしょうか。

また、パートやアルバイトは支給対象としていないのですが、今後は同一労働同一賃金の点から問題になってしまうのでしょうか。 〔静岡・Y社〕

A **上乗せ部分除き算定基礎に含まれ**
手当全体はいわゆる同一労働同一賃金の問題も

〔弁護士・平田健二（安西法律事務所）〕

住宅手当や家族手当は、割増賃金の算定基礎から除外できる手当とされており、これら各手当に該当するかは実質的に判断されるところ、ご質問の「生活補給手当」のうち、上乗せ支給部分は、実質的に家族手当に該当するといえますが、一律定額支給部分は、実質的にみて住宅手当には該当せず、割増賃金の算定基礎に含まれます。また、生活補給手当については、いわゆる同一労働同一賃金の問題が生じえます。

1　割増賃金の算定基礎について

⑴　労基法上の割増賃金の計算

使用者が、労働者に対して時間外労働、深夜労働ないし休日労働をさせた場合、その時間またはその日の労働については、労基法第37条に基づき、「通常の労働時間又は労働日の賃金」の２割５分以上の率（時間外労働及び深夜労働の場合）または３割５分以上の率（休日労働の場合）で計算した割増賃金を支払う必要があります。月60時間超の時間外労働の場合は５割増（令和５年３月までは中小企業は適用猶予）とされます。

「通常の労働時間又は労働日の賃金」とは、労働者が所定労働時間労働した場合に支払われることとなる賃金を指します。ただし、労働の内容や量とは関係のない手当や、計算技術上割増賃金への算入が困難である手当については、割増賃金の算定基礎から除外してよいとされています（労基法第37条第５項、労基法施行規則第21条）。

⑵　算定基礎から除外される手当

ア　法定の除外手当は限定列挙

労基法上、割増賃金の算定基礎となる賃金から除外される手当は、①家族手当、②通勤手当、③別居手当、④子女教育手当、⑤住宅手当、⑥臨時に支払われた賃金及び⑦１カ月を超える期間ごとに支払われる賃金の７種類です。これら７種類の手当は、単なる例示ではなく、限定的に列挙されたものと解されており、当該手当に該当しない手当は、割増賃金の算定基礎から除外することはできません（最高裁昭和63年７月14日判決 労判523号６頁・小里機材事件）。

イ　除外手当該当性は実質判断

また、これらの手当に該当するかどうかは、単に名称によるのではなく、その実質によって判断されることになります（昭和22年９月13日 発基第17号）。

ウ　除外手当の具体的内容

本件の生活補給手当は、住宅手当と家族手当を合わせたような手当とのことですので、法定の除外手当とされる住宅手当と家族手当の内容について確認しておきます。

㋐　住宅手当

住宅手当は、住宅に要する費用に応じて算定される手当のことです。そして、住宅に要する費用とは、賃貸住宅については居住に必要な住宅（これに付随する設備等を含みます。）の賃貸のために必要な費用をいいます。そして、費用に応じた算定とは、費用に定率を乗じた額とすることや、費用を段階的に区分し費用が増えるに従って額を多くすることをいいます。

ただし、住宅に要する費用以外の費用に応じて算定される手当や、住宅に要する実際の費用の額にかかわらず一律に定額で支給される手当は、法定の住宅手当には該当しないというのが行政解釈です（平成11年３月31日 基発第170号）。

㋑　家族手当

家族手当は、扶養家族数またはこれを基礎とする家族手当額を基準として算出する手当のことをいい、その名称が物価手当や生活手当等とされていても、これに該当する手当は家族手当に該当することになります（昭和22年11月5日 基発第231号）。

他方、扶養家族数に関係なく一律に支給されている場合や、基本給に応じて額が決まっている場合は、実質からみて、法定の家族手当には該当しません。

⑶　ご質問のケースについて

以上を前提に、ご質問の「生活補給手当」が、法定の住宅手当、家族手当に該当するのか検討します。

まず、住宅手当については、生活補給手当のうち、賃貸住宅の居住者または住宅ローンを有する正社員に対して支給される月額1万円が問題となります。この手当は、住宅に要する実際の費用の額にかかわらず一律に定額で支給されるものなので、法定の住宅手当には該当せず、割増賃金の算定基礎に含めなければならないと考えます。

次に、家族手当については、生活補給手当のうち、扶養家族がいる場合に扶養家族1人につき支給される3000円が問題となります。この手当は、扶養家族数を基準として算出されるものなので、法定の家族手当に該当し、割増賃金の算定基礎に含める必要はないと考えられます。

したがって、ご質問の生活補給手当については、上乗せ支給分を除き、割増賃金の算定基礎に含める必要があるといえます。

2　いわゆる同一労働同一賃金の問題

2020年４月１日から、短時間労働者及び有期雇用労働者の雇用管理の改善等に関する法律が施行され、パートタイム労働者や有期雇用労働者と正社員等の正規雇用労働者との間の不合理な待遇差が禁止されます（同法８条。）なお、同法９条の適用により差別的取扱いが禁止される場合もあります。

従前も、同趣旨の条文は存在します（短時間労働者の雇用管理の改善等に関する法律第８条、９条、旧労働契約法第20条）。

本件では、生活補給手当について、正社員にのみ支給し、パートやアルバイトには支給しないということであり、短時間労働者及び有期雇用労働者と正社員との間で待遇に相違があるといえるため、上記各規定の適用の問題が生じるものと考えられます。

本人分を含む家族手当は割増賃金の算定基礎賃金か

Q60　割増賃金の算定の基礎となる賃金についてお聞きします。珍しいケースかもしれませんが、当社では、家族手当として、従業員に毎月、扶養家族のいる者には、扶養義務のある家族１人につき3,000円を、それに加えて本人分5,000円（独身者にも一律5,000円）を支給しております。

このような手当は、家族手当という名称で支給しておりますので、割増賃金の算定の基礎となる賃金には含まれないと考えますが、いかがなものでしょうか。

A　本人分として支給している部分は算定基礎に

ご質問の家族手当についてですが、家族手当とは、「扶養家族数又はこれを基礎とする家族手当額を基準として算出した手当」をいい、たとえその名称が物価手当、生活手当などであっても扶養家族数もしくは家族手当額を基礎として算定した部分を含む場合には、家族手当として取り扱うこととされています（昭22・11・5　基発第231号、昭22・12・26　基発第572号）。

しかしながら、家族手当という名称であっても、扶養家族数に関係なく一律に支給される手当や一家を扶養する者に対し基本給に応じて支払われる手当は、家族手当ではなく、また、扶養家族のある者に対し本人分何円、扶養家族１人につき何円という条件で支払われるとともに、均衡上独身者に対しても一定額の手当が支払われている場合には、これらの手当のうち、「独身者に対して支払われている部分及び扶養家族のあるものにして本人に対して支給されている部分は家族手当ではない」とされています（昭22・12・26 基発第572号）。

したがって、貴社の支給している家族手当は、扶養家族のいる者に対して支給している扶養義務のある家族１人につき3,000円を支給しているということですので、これは扶養家族数に応じて支給されており、労働基準法第37条の家族手当と認められ、割増賃金の算定の基礎となる賃金に算入しなくても構いませんが、扶養家族のある者に本人分として支給している5,000円及び独身者に一律に支給している5,000円については、同法第37条の家族手当とは認められませんので、割増賃金の算定の基礎となる賃金に算入しなければなりません。

急遽行った業務の特殊作業手当
割増賃金の算定基礎に含めるか

Q61　当社では、特定の作業を行った者に対して「特殊作業手当」を支給しています。

しかし、この特定の作業を行っている者が休暇を取得したため、別の部署の者にこの作業を行ってもらうことになりました。

この者には、「特殊作業手当」を支給しようと思っているのですが、この場合、臨時に支払われる賃金と考えて、時間外労働の算定基礎に含めずとも問題はないのでしょうか。

〔大阪・T社〕

A　急遽行った業務で時間外労働を行ったのであれば含めるべき

〔弁護士・田島潤一郎（安西法律事務所）〕

特殊作業手当は、特定の作業に通常支払われる賃金である限り、当該作業を行っている者が休暇を取得し、別の労働者が当該作業を急遽行ったために、その労働者に対して支給した場合であっても、「通常の労働時間又は労働日の賃金」にあたり、「臨時に支払われた賃金」に該当せず、当該作業により時間外労働を行ったのであれば、割増賃金の算定基礎賃金に含まれます。

1　割増賃金の算定基礎となる賃金

(1)　割増賃金の算定方法

別の労働者が作業を急遽行っても「臨時に支払われた賃金」に該当せず、割増賃金の算定基礎賃金に含まれる

会社は、労働者に時間外労働、休日労働、深夜労働（以下、総称して「時間外労働等」といいます。）をさせた場合、割増賃金を支払う義務を負います。そして、この割増賃金は、「通常の労働時間又は労働日の賃金」に一定の割増率（労働基準法〔以下「労基法」といいます。〕や「労働基準法第37条第１項の時間外及び休日の割増賃金に係る率の最低限度を定める政令」によって定められていますが、詳細は割愛します。）を乗じて算出されます。

この「通常の労働時間又は労働日の賃金」は、多くの会社が採用している月給制では、月による賃金額を「月における所定労働時間数」で除して算出されます（労基法施行規則19条１項４号）。本稿では、この月による賃金額を「算定基礎賃金」といいます。

⑵　算定基礎賃金に算入されない賃金

労基法37条5項は、算定基礎賃金には、「家族手当、通勤手当その他厚生労働省令で定める賃金は算入しない」としています。

そして、労基法施行規則21条は、別居手当、子女教育手当、住宅手当、臨時に支払われた賃金、1カ月を超える期間ごとに支払われる賃金については、算定基礎賃金に算入しないとしています。

⑶　臨時に支払われた賃金

「臨時に支払われた賃金」(労基法施行規則21条4号）とは、「臨時的、突発的事由にもとづいて支払われたもの、及び結婚手当等支給条件は予め確定されているが、支給事由の発生が不確定であり、且非常に稀に発生するもの」とされています（昭22.9.13発基17号)。この「臨時に支払われた賃金」は、「通常の労働時間又は労働日の賃金」にはあたらないため、割増賃金の算定基礎賃金から除外されると考えられています（菅野和夫「労働法」〔第12版〕520頁)。

2　問題の所在

ご質問のケースでは、「特殊作業手当」の支給対象となる作業を担当していない部署の労働者（以下、便宜上「非担当者」といいます。）が、休暇を取得した担当者の代わりに「特殊作業手当」の支給対象となる作業を行ったことから、非担当者に、本来は支給しない「特殊作業手当」を支給することにしたものです。

このような「特殊作業手当」の支払いは、「臨時に支払われた賃金」に該当し、「通常の労働時間又は労働日の賃金」にあたらず、算定基礎賃金に算入されないのではないかが問題となります。

3　行政解釈

この点に関しては、通達で行政解釈が示されています（昭23.11.22基発1681号）。

この通達では、「ある作業を担当する甲が休暇をとったため（中略）常時その作業に従事していない乙をしてその作業に従事させた。（中略）甲のように当該作業に専ら従事する者には日額の手当（作業手当）を出すことになっており、乙のように自己本来の作業に従事しているならば右の日額作業手当は支給されないが、たまたまその日はその作業に従事したため、この日額作業手当は支給される。この場合、乙に対する右の日額手当は乙にとっては予定された通常の労働に対する賃金ではないものと考えられるので、割増賃金の基礎には算入しなくても差支えないものと思うが如何。」という問いに対して、「乙がその日の特殊事情によって通常従事している職務を離れ、たまたま甲の特殊作業に従事し、その特殊作業の勤務が法第32条及び第40条の労働時間外に及ぶときは、その超過労働時間に対しては、特殊作業手当を法第37条の割増賃金の基礎となる賃金に算入して計算した割増賃金を支払わなければならない。」と回答されています。

4　ご質問の件

⑴　特殊作業手当は算定基礎賃金に算入されるか

ご質問の件では、前述の行政解釈を前提とすれば、非担当者に支給される「特殊作業手当」は、「通常の労働時間又は労働日の賃金」にあたり、「臨時に支払われた賃金」には該当せず、割増賃金の算定基礎賃金に算入されるものと考えられます。

⑵　具体的な割増賃金の計算

「特殊作業手当」の支給対象となる作業に従事した時間外労働等の時間に対する割増賃金の算定基礎賃金には、「特殊作業手当」が含まれますが、本来の業務に従事した時間外労働等の時間に対する割増賃金の算定基礎賃金には、「特殊作業手当」は含まれません。すなわち、「特殊作業手当」の支給対象となる作業を行った時間外労働等と本来の業務を行った時間外労働等とで、算定基礎賃金が異なります。

そのため、会社は、具体的な割増賃金の計算に際して、「特殊作業手当」の支給対象となる作業で時間外労働等を行った場合の割増賃金と、本来の業務で時間外労働等を行った場合の割増賃金を別個に算定する必要があります。

清算期間をまたぐ振替休日で割増賃金は

Q 62 フレックスタイム制における振替休日についておたずねします。当社は、清算期間を「毎月1日から月末まで」とし、清算期間における総労働時間を、「当該月の所定労働日数×7時間」と定めております。

ところで、たとえば月末の休日と翌月の月はじめの労働日とを振り替えた場合、振り替えたことにより労働日が1日増えた月については、時間外労働または休日労働として割増賃金を支払わなければならないのでしょうか。

A 1週平均40時間以内に収まる範囲内で

休日の振り替えとは、就業規則中に「業務の都合により、会社は第○条に定める休日を他の日に振り替えることがある」旨を定め、これによって休日を振り替える前にあらかじめ振り替えるべき休日及び労働日を特定して、振り替えられた休日を労働日とし、労働日を休日とするというものです。

休日を振り替えた場合の時間外労働の取り扱いについて、解釈例規は「就業規則に定める休日の振替規定により休日を振り替える場合、当該休日は労働日となるので休日労働とはならないが、振り替えたことにより当該週の労働時間が1週間の法定労働時間を超えるときは、その超えた時間については時間外労働となり、時間外労働に関する三六協定及び割増賃金の支払が必要である」としています（昭22・11・27 基発第401号、昭63・３・14 基発第150号）。

なお、長時間残業や深夜業を行わせた場合にその代償措置として特定の労働日の労働義務を免除するものや、あらかじめ振り替えるべき日を特定することなく休日に労働を行わせ後日に特定の労働日の労働義務を免除するものは、一般に「代休」と呼ばれる制度と解されますので、この代休を与えたことにより、時間外労働や休日労働の割増賃金の支払義務が免除されるものではありません。

ところで、ご質問の場合はフレックスタイム制を実施しているということですので、この場合の休日の振り替えについて検討してみることにします。

そもそも、フレックスタイム制は清算期間中の総労働時間を定め、労働者は始業、終業の時刻を自ら決定し、各日や各週の法定労働時間に制約されることなく労働できるというものです。清算期間は３カ月を超えてはならず、また清算期間中の総労働時間は清算期間を平均して１週間の労働時間が法定労働時間の範囲内としなければなりません。

たとえば、清算期間を１カ月とした場合、週の法定労働時間を40時間とすると、31日の月は、

40（時間）×31（日）÷７（日）＝177.1（時間）

となり、この月の総労働時間を177.1時間以内に収めている限り、

清算期間中の特定の日や週の労働時間が法定労働時間を超えたとしても、時間外労働とはならず、割増賃金の支払いも必要ありません。

この場合、割増賃金の支払義務が生ずるのは、この月の法定労働時間の総枠である177.1時間を超える労働ということになります。ただし、清算期間中の総労働時間を法定労働時間の総枠より短く定めている場合で、就業規則中に「総労働時間を超えた勤務について、割増賃金を支払う」旨を定めている場合は、規定上この総労働時間を超えた時間から割増賃金を支払うことになります。

ところで、フレックスタイム制のもとで清算期間内で休日を振り替えるような場合は、ある週の労働時間が長くなったとしても、その清算期間内の総労働時間は変わりませんから、労働者が清算期間内の法定労働時間の総枠を超えて労働しない限り、時間外労働の問題は生じません。

しかし、ご質問のように振り替えられた休日と労働日とが2つの清算期間にまたがっている場合は、労働日数が変わってくることになります。つまり、振替休日の措置により休日が労働日とされた月においては、清算期間内の所定労働日数が1日増えることは間違いありません。

ただし、フレックスタイム制は、コアタイムを除き一定の枠内で本人の意思により労働時間が決められるわけですから、仮に労働日が1日増えたからといって、必ずしも労働時間が増えるとは限りません。一方、休日の振替によって労働時間が増え、その結果、清算期間中の法定労働時間を超えてしまう可能性もあります。

といいますのも、清算期間を１カ月とし、かつ、清算期間内の総労働時間を法定労働時間の総枠ぎりぎりで設定しているような場合、１日の所定労働日の増加による総労働時間が法定労働時間の総枠を超えてしまうことがあるからで、これは清算期間内の総労働時間は労働基準法第32条の法定労働時間の範囲内でなければならない（平30・９・７　基発0907第１号）とする要件に反するからです。

したがって、フレックスタイム制のもとで振替休日を実施する場合は、振り替えるべき休日を同一清算期間内に置くか、それが無理ということであれば、清算期間内の総労働時間が法定労働時間の総枠を超えないようにする何らかの措置が必要となりましょう。

なお、振替休日が同一清算期間内で行われた場合または２つの清算期間をまたいで行われた場合のいずれであっても、必ず１週１回または４週４日（変形休日制）の法定休日を確保しなければなりません。これが確保されない場合は、同法第35条違反を構成することになりますので振替休日の措置はとれないことになります。

「新版　労働基準法実務問答　第４集」
執筆者一覧

岡村　光男（弁護士／岡村法律事務所）

小川　和晃（弁護士／レクスペラ法律事務所）

加島　幸法（弁護士／森田・山田法律事務所）

新　　弘江（弁護士／光樹法律会計事務所）

田島潤一郎（弁護士／安西法律事務所）

平井　　彩（弁護士／石嵜・山中総合法律事務所）

平田　健二（弁護士／安西法律事務所）

山口　　毅（弁護士／石嵜・山中総合法律事務所）

（五十音順。所属は令和３年11月現在のもの）

新版 労働基準法実務問答 第4集
〜賃金と割増賃金に関するQ&A〜

令和3年11月25日　初版発行

編　者　労働調査会出版局
発行人　藤澤　直明
発行所　労働調査会
〒170-0004 東京都豊島区北大塚2-4-5
TEL　03-3915-6401
FAX　03-3918-8618
http://www.chosakai.co.jp/

ISBN978-4-86319-850-0　C2032